Erika Hörzer

Kaleidoskopica

Mehr Geschichten von hier und dort

Nicht alle Orte, aber alle Personen sind völlig frei erfunden.

Druck im Auftrag Erika Hörzer Buchschmiede von Dataform Media GmbH, Wien
www.buchschmiede.at - Folge deinem Buchgefühl!
Besuche uns online

ISBN:
978-3-99165-081-2 (Paperback)

PRINTED IN AUSTRIA

Inhalt

Clowninsel

Ein Zirkus ist in der kleinen Stadt. Es gibt ein Theater und ein Kino, aber was ist das schon gegen einen Zirkus! Er zieht die Kinder an wie ein Magnet. Was gibt es nicht alles zu sehen! Na schön, die Zirkusleute leben in modernen, großen Wohnwägen, nicht in bunten Zirkuswägen wie in ihren Bilderbüchern. Aber das große Zirkuszelt stimmt. Und es gibt Pferde und ein Rudel Hunde in allen Größen. Das ist nicht besonders aufregend. Doch da sind auch zwei indische Elefanten! Dass sie indisch sind, sagt der Lehrer. Der weiß so was natürlich. Schade, dass es keine Löwen oder Tiger gibt. Aber die sind im Zoo besser und artgerechter aufgehoben als in Käfigen, sagt der Lehrer. Die Erwachsenen sind auch angetan. Endlich einmal was Anderes. Besonders der Clown begeistert. Nicht, dass die Artisten langweilig wären, im Gegenteil! Doch der Clown bringt alle so zum Lachen, dass sie sich die Seiten halten und die Tränen aus den Augen wischen. Wie er das macht? Unerklärlich, aber er schafft es. „Das musst du gesehen haben, der ist umwerfend!“ sagen die Leute.

Am späten Nachmittag sitz eine Familie in einem Gastgarten. Sie waren in der Vorstellung und der Vater und sein kleiner Sohn sind sich nicht einig.

„Der Mann, der die Karten abgerissen und den Platz gezeigt hat, war der Clown.“ behauptet der Bub.

„Aber geh, der muss sich doch schminken und vorbereiten.“ meint der Vater.
„Und er war es doch! Und der weiße Clown mit dem Saxophon auch!“
„Ja, ja und die Elefanten war er auch, geh Bub!“
„Der Bub hat recht.“ sagt ein Mann vom Nebentisch. „Woran hast du mich denn erkannt?“
„An den Augen!“ ruft der Bub. „Du bist es!“ Er ist ganz selbst verständlich per du, was er sonst nicht tut.
„Hast einen scharfen Blick! Ich bin Giuseppe Trapponi, wie ihr aus dem Programm wisst. Oder einfach Joseph. Und wie heißt du?“
„Toni. Brauchst du lang zum Schminken?“
„Nein, Toni. Ich mache das schon so lang, da geht es schnell.“
Der Bub schaut ihn forschend an. „Du hast auch im Orchester gespielt, stimmt‘s? Aber nicht das Saxophon, sondern so eine schwarze Flöte.“
„Ja, genau, die Klarinette. Wenn der Seiltänzer seinen Auftritt hat, vertrete ich ihn. In einem kleinen Zirkus muss jeder mehrere Sachen können. Das macht es so aufregend.“
„Entschuldigen Sie bitte“, mischt sich der Vater des Buben ein. „Der Direktor sagt, sie kommen aus der Gegend der unteren Donau, aber der Name ist doch italienisch und -“
„Der Direktor ist ein Trottel, mit Verlaub, der weiß gar nichts.“

„Das ist aber nicht nett, hinter seinem Rücken so über ihn zu reden." wendet die Mutter des Buben ein.
„Nicht hinter seinem Rücken!" lacht der Clown. „Ich sag es ihm auch ins Gesicht. Immer wieder. Dann sagt er mir, was er von mir hält, dann schreien wir ein bisschen, dann lachen wir darüber und dann macht wieder jeder seine Arbeit. Er braucht mich und ich brauche ihn. Aber ich bin ein bisschen im Vorteil: Es gibt mehr kleine Zirkusse als gute Clowns."
„Und woher bist du wirklich?"
„Ich bin von der Insel."
„Von der Insel! Ist deine Insel groß?" Sicher nicht halb so groß wie die Augen, die der Bub macht.
„Groß ist relativ."
„Wie lange braucht man um einmal herum zu gehen?"
„Das hängt davon ab, wie schnell man geht. Es gibt so viel zu sehen, nicht nur Möwen und Muscheln. Da kommt man leicht ins Trödeln. Es gibt Sandstrand und Klippen. An manchen kann man unten entlang gehen, bei anderen muss man hinauf steigen, oben entlang gehen, dann wieder hinunter. Was für eine Aussicht man da hat! Das Meer endet auf allen Seiten mit seinen Wellen, die an der Insel auslaufen. Und die Winde kommen hin um sich auszuruhen, ein bisschen zu schlafen, bevor sie wieder um die Welt fliegen. Manchmal hört man sie auch schnarchen. Meistens ist es warm. Nur wenn der Nordwind und der Westwind gemeinsam heim kommen, ist es kühler."

„Und auf deiner Insel kann man lernen ein Clown zu sein?“
„Neein! Auf der Insel wird man als Clown geboren!“
„Oohh.“ Das klingt enttäuscht.
„Man kann auch anderswo als Clown geboren werden.“ versichert der Clown. „Spielst du eigentlich ein Instrument?“
Der Bub schüttelt den Kopf. „Ich hab noch nie daran gedacht.“
„In der hiesigen Musikschule unterrichtet ein alter Freund von mir. Geh einmal hin und probier' welches Instrument dir gefällt. Wirklich ausprobieren, nicht nur anschauen. Ich sag ihm Bescheid.“
„Muss man ein Instrument spielen um ein guter Clown zu sein?“
„Nicht unbedingt, aber es hilft. Auch beim Lernen und Nachdenken. Gehst du gern in die Schule?“
„Na ja, es geht. Es ist oft langweilig, weil wir alles so oft wiederholen, ich merk es mir doch auch mit einmal erklären.“
„Ha, wiederholen ist doch nicht langweilig! Nimm einmal die Musik. Da geht zum Beispiel ein Bass immer so tadidadi, tadidadi, dedadedo, dedadedo, tadidadi, tadidadi oder auch nur schrumm schrumm, wiederholt und wiederholt, einmal ein bisschen höher, einmal ein bisschen tiefer, aber darüber kann, die Melodie schwingen und tanzen, wie auf einem guten Tanzboden, der auch lauter gleiche Bretter hat.“

„Das stimmt! - Kann ich mir auch selber eine Wiederholung ausdenken?“
„Was spricht dagegen?“
„Vielleicht stimmt es nicht.“
„Na und? Dann hast du was gelernt. Wenn du auf meiner Insel immer rundherum gehst, merkst du manchmal gar nicht, dass du wieder am Ausgangspunkt bist. Es hat sich etwas verändert. Das Meer arbeitet am Strand, damit er immer wieder anders aussieht. Räumt an einer Stelle was weg, fügt anderswo etwas dazu. Da gibt es zum Beispiel einen kleinen Fluss, der ins Meer mündet. Das Meer will ihn immer wieder zustopfen, spült Sand vor seine Mündung und er muss sich einen neuen Weg suchen. Das ist ein Spiel, das die beiden spielen. Und ich glaube, sie haben Spaß daran.“
„Kann man auch quer über deine Insel gehen?“
„Freilich, es gibt Straßen und Orte mit Häusern, Geschäften, Bürgermeistern; wie überall.“
„Und überall wohnen Clowns?“
„Freilich, sie wissen es nur oft nicht.“ Der Clown schmunzelt. „Aber sag das nicht weiter, das ist ein Clowngeheimnis!“ Der Bub verspricht es ihm mit großem Ehrenwort.
„So, aber jetzt muss ich gehen, Karten abreißen für die Abendvorstellung. Meine Verehrung, die Herrschaften!“ Er verbeugt sich leicht, geht summend davon.
Der empfohlene Musiklehrer nickt wissend, als die Eltern mit dem Buben zu ihm kommen.

„Soso, hat der Josef wieder gezaubert?“ fragt er. „Ja, das kann er. Wieder jemand für seine Insel gewonnen. Woher wir einander kennen? Na vom Studium! Der Tausendsassa konnte jedes Instrument spielen, das er in die Finger gekriegt hat. Wird der Toni auch bald machen. Schauen Sie nur, wie er die Instrumente in die Hand nimmt. Der Josef hat seinen Abschluss dann in Klarinette gemacht. Und in Philosophie. Aber er hat immer behauptet, er wäre ein geborener Clown und sonst nichts und das wäre das Beste von allem.“

Um den Schneeberg

Noch ein fliegender Berg

In den himmelstrebenden Regionen zwischen Tibet und Nepal soll es einen fliegenden Berg geben. So weit muss man nicht suchen. Es gibt ihn auch hier, bei uns, in Niederösterreich.
Ganz gleich von wo aus man versucht ihn zu sehen, er ist nicht immer da. Nicht einmal direkt in den Orten an seinem Fuß. Keine großen Yaks und Jurten gibt es da auf den Weiden, sondern Schafe und gedrungene Häuser mit umlaufenden Holzbalkonen. (Freilich heute auch hässliche Reihenhäuser aus dem Alptraumkatalog der Fertigteilarchitekten.)
Aber der Berg mit seinen beschneiten Flanken ist eben nicht immer da. Nur manchmal zeigt er sich in seiner ganzen, beeindruckenden Größe. Warnend, denn dieses Auftauchen bedeutet nichts Gutes. Wenn er morgens im Fenster meines Kinderzimmers stand, rahmenfüllend beinahe, dann konnte das heißen die Unternehmungen des Nachmittags vergessen, oder wenigstens Regenschutz mitnehmen. Und wenn noch nicht heute, dann sicher am nächsten Tag Regenschnüre vor dem Fenster oder Schneegestöber, je nach Jahreszeit.
Urlaubsort meiner Kleinkindzeit an seinem Fuß. Wie aufregend mit der Bahn, die noch eine Dampflock zog, in Richtung dieses seltsamen Berges zu fahren. Man sieht ihn nicht, und doch ist er da, sagen die

Großen. Ist nicht wahr, bin ich sicher, er fliegt! Die Großen sagen auch, ich wäre schwerer zu hüten als ein Sack voll Flöhe. Kann gar nicht sein. Allerdings, die Hofrats- und Donaudampfschikapitänswitwen im Hotel verbannen meine Mutter und mich zum Essen in die Küche. Meine Großmutter macht das dann rückgängig. Keine Ahnung wie, aber wenn der Zorn über Ungerechtigkeit sie antrieb, war die eher zierliche alte Dame so drohend wie eine Gewitterwolke. Vielleicht war es auch nur das Versprechen „bei mir ist sie brav“. Sie hatte ihre pädagogische Ausrüstung schließlich vom Wiener Settlement. Sie hat mich auch nie gezwungen etwas zu essen, das ich nicht wollte.
Wenn dann am Urlaubsort der Berg sich endlich zeigt, dann ist es auch Zeit hinauf zu fahren. Eine Zahnradbahn, langsam, mit Einblicken in den Wald, durch Tunnels mit Toren – Wer öffnet und schließt die? Gibt's Rehe? Gar Zwerge?
„Geistige Zwerge muss man nicht im Wald suchen.“ brummelt mein Großvater. Nicht leise genug für meine Ohren. 'Kinder haben große Ohren', sagt eine Tante. Stimmt nicht, meine Ohren sind klein und die der anderen Kinder, die ich kenne, auch.
„Was sind geistige Zwerge?“
„Nun ja, Leute die so tun als wären sie gescheit, die in Wirklichkeit aber sehr dumm sind.“
„Wie der Dr. B.?“ Was gesagt wird, kann ich nicht alles verstehen, aber die Gesichter, wenn von ihm die Rede ist und dass meine Mutter die Augen verdreht,

ist für mich deutlich genug. Großmutter schätzt ihn, weil er Schiller zitieren kann.
„Pssst!“ sagt mein Großvater „Das darfst du nicht laut sagen. Unser Geheimnis, versprochen?“ Seine Sorge ich könnte zum besagten Dr. B. sagen „Mein Opa hat gesagt, Sie sind ein geistiger Zwerg.“ ist allzu berechtigt. Ich mag ihn nicht. Aber versprochen, ist versprochen. Die Endstation der Zahnradbahn ist eine Enttäuschung. Geröllfelder, etwas Schnee. Ja, richtiger Schnee mitten im Sommer, weil es kalt ist hier oben. Na ja, das stimmt, die Weste ist willkommen, nur das mit dem Schnee, der so lange hält, glaub ich nicht so richtig. Aber woher kommt er sonst? Der Himberg ist besser, auch wenn es dort keine Himbeeren gibt, nur einen Sessellift. Später gehen wir durch Latschenfelder, die Aussicht interessiert mich als Kind nicht besonders, auch wenn ich brav „Jööh!“ sage, aber die kleinwüchsigen Nadelbäume haben es mir angetan. Die werden nicht größer? Auch wenn man sie ins Tal setzt? Und gießt? „Beim Baumgartner“ dann wieder Zahnradbahn, auf halber Strecke zu warm für die Weste. Und wenn man vom Bahnhof im Tal dann zum Berg hinauf schaut, ist er wieder weg. Auf und davon geflogen! Sicher! Nicht nur hinter Dunst und Wolken verborgen. Wenn wir ein bisschen gewartet hätten, hätten wir mitfliegen können.

Ausflüge

Einen Ausflug machen ist schön und meistens lustig. Es ist weder wandern noch spazieren gehen. Wanderer, das sind Leute mit entschlossenen Gesichtern, Haferlschuhen und dicken Socken, die über den Schuhrand heruntergeschlagen sind. Dazu Lederhosen oder Lodenröcke. Sie erzählen dir im Hotel wo sie schon waren und wie hoch und wie weit. Langweilig.
Spazieren gehen ist im Kurpark, weißes Kleid und Lackschuhe, die drücken; vielleicht ein Eis und wenn die Musikkapelle spielt, vergesse ich die drückenden Schuhe.
Aber Ausflug, das ist weiter, wilder und viel interessanter. Eine Tasche ist mit zum Bockerl sammeln, damit man an kühlen Tagen im kleinen Ofen im Hotelzimmer einheizen kann. Und diese kühlen Tage gibt es hier auch im Sommer. Außerdem eine Proviantdose mit Butterbroten und harten Eiern, ein Salzstreuer aus rotem Bakelit mit einem Schraubverschluss, Äpfel, wahrscheinlich auch Wurst oder Speck, aber das interessiert mich nicht. Eine Flasche mit Limonade und ein „Thermos“ mit Kaffee. Dazu Alubecher, die man ineinander stecken kann. Einen Wunderbecher in einer flachen Dose gibt es auch. Wenn man den Deckel abnimmt sind lauter Blechringe drin und wenn man die Dose umdreht, schwupp, ist es ein Becher. Ordentlich daran ziehen, damit die Ringe halten, und man kann wirklich daraus trinken. Der Becher ist aber nur für Wasser, weil man ihn schlecht

sauber machen kann, sagt meine Großmutter. Natürlich ist auch ein Wachstuchsack dabei mit einem nassen Waschlappen um mich zwischendurch sauber zu kriegen. „Du bist ein kleiner Dreckspatz“ seufzt meine Großmutter. Aber mein Großvater sagt „Wenn man was lernen will, muss man sich auch einmal schmutzig machen.“ Wenn mein Opa das sagt, dann gilt das. Er ist sich mit meinem Vater einig und die Frauen fügen sich. Ich darf also im Gebüsch verschwinden, mit erdigen Händen und Grasflecken an den Knien wieder herauskommen. Mit den erdigen Fingern dann die Haare aus der Stirn wischen. Aber ich hab einen Hirschkäfer gefunden, einen lebendigen, der in der Hand kitzelt. „Schau!, das Geweih!“ Opa erzählt mir dann, wozu so ein Hirschkäfer gut ist. Und dann muss ich ihn zurück bringen, weil der Käfer gern wieder nach Hause will. Oder wir bewundern eine Blindschleiche, eine große, die über den Weg kriecht, lange. Aber die darf ich nicht anfassen. Ich lese das, viel später, sogar fast wörtlich bei Doderer „die großen Exemplare können ordentlich schnüren“, lass sie in Ruhe und freu dich am Anblick, sie zeigt sich nicht oft. Manchmal finden wir Himbeeren, später im Jahr Zyklamen. Wenn wir heimkommen, hab ich ein paar schöne Steine, Rindenstücke, eine Feder oder Schneckenhäuser in meiner Kleidertasche, die darf ich am Balkontisch dann aufbauen. Gewaschen, versteht sich.

Ein anderer Weg führt zu einem Wasserfall. Am Weg dahin gibt es ein Bauernhaus mit einer Ziege. Die

Ziege lacht immer, zumindest sehe ich das so und ihre Augen funkeln vor Neugier. Ich darf ihr einen Zweig hinhalten und sie sucht sich sehr sorgfältig aus, welche Blätter sie davon fressen will. Aber noch lieber ist ihr das Schürzenband meiner Großmutter. Oma hat Mühe, ihr das Band wieder aus dem Maul zu ziehen, weil sie es nicht gleich merkt und die Ziege es nicht loslassen will. Erst als die Bäuerin aus dem Haus kommt und ruft „Lisi, Schluss!“ lässt die Ziege das Band fahren. Aber es hat ihr Spaß gemacht, das kann ich sehen. „Ham's es g'stärkt?“ fragt die Bäuerin und meint das Schürzenband. Natürlich, Omas Dirndlschürze knistert bei jeder Bewegung. „Des mag's b'sonders. Is eh nix hin?“ Nein, nur nass und verknautscht. Die Ziege steht jetzt oben auf dem Holzzaun, und schaut auf uns herunter. „Nein!“ sagt meine Großmutter und nimmt mich fest an der Hand. Woher weiß sie, dass ich hinauf klettern wollte? Erwachsene können zwar nicht wirklich Gedanken lesen, aber manchmal wissen sie mehr als mir lieb ist.
Zum Himberg gehen ist auch schön, weil es dort einen Sessellift gibt. Meine Großmutter meint zwar es sei gesünder die Serpentinen hinauf zu steigen und die gute Luft einzuatmen. Aber ich weiß, dass sie sich auf dem Sessellift fürchtet, auch wenn sie es nicht sagt. Sobald sie sitzt, macht sie die Augen zu, damit sie nicht nach unten sieht. Dabei ist das schön, viel höher als schaukeln. Auf dem Sessellift darf man nicht schaukeln, aber das ist auch nicht nötig. Hui, so hoch, so hoch!

Nach den Ausflügen muss mir niemand eine Gute-Nacht-Geschichte vorlesen, ich bin voller Geschichten über denen ich wohl einschlafe, denn wenn ich die Augen wieder aufmache, ist es hell.

Wetter

Sommer muss man nicht erklären, sollte man meinen: Sonne, Hitze, Sandkiste, Freibad. Unterm Schneeberg ist das anders. Die Freibadtage sind selten, die Wollweste immer dabei. Oder besser gesagt zwei verschiedene: Eine dünne für die kühlen Abende und eine dicke für regnerische Tage, wo im kleinen Ofen des Hotelzimmers sogar ein Bockerlfeuer entzündet wird um den Raum gemütlich zu machen. Mittags gibt es das fast tägliche Gewitter. „Unser amtliches Gewitter" lacht die Zimmernachbarin. Amtlich, weil so unausweichlich wie unberechenbar. Kurzer Schauer mit Rumpeln oder langanhaltend mit Blitz und Donner und Wassergüssen. Das erleichtert den ebenso unvermeidlichen Mittagschlaf, den Kinder offenbar halten müssen. Widerwillig akzeptiert, weil einfacher als erfolgloser Widerstand.
Auf den umlaufenden Holzbalkonen, übereinander gereiht unter ausragendem Dach, lässt sich auch bei Gewitter trocken sitzen. Für die Großen. Die Abtrennungen zwischen den Zimmern sind mehr pro forma, damit man zum übernächsten Zimmer den Weg über den Gang nimmt. Keksdosen, Gespräche und Strickmuster wechseln ungehindert hinüber und herüber.

Wenn der Regen länger dauert als mein „Mittagsschlaf", sitze ich auch draußen mit Malbuch oder Bockerl- und Schneckenhaustheater beschäftigt, bis es aufhört zu regnen. Wenn der Regen nur in ein dünnes Nieseln übergeht, gehen wir trotzdem „eine Runde", mit Regenhaut und festen Schuhen.
Bei Schönwetter ist der leidige Mittagsschlaf beinahe unerträglich. Die Zeit abwarten, während das trockene Plopp der Bälle vom Tennisplatz dringt und der Kies vorm Haus unter eifrigen Schritten knirscht, ist eine harte Geduldprobe. Alle dürfen aktiv sein, nur ich bin zur Untätigkeit verurteilt. Später, viel später erst, wird die Mittagsruhe als „Siesta" zur geliebten und geschätzten Atem- und Denkpause, möglich nur an Feiertagen und im Urlaub, sich an die Gepflogenheiten des Südens angleichend.

Erwachsene

Manche Erwachsene sind eigenartig.
Da gibt es die alten Damen, die sich mit den Titeln ihrer Ehemänner ins Hotelbuch eintragen: Hofratsgattin, Kreistierarztwitwe, und tatsächlich eine Donaudampfschiffkapitänswitwe. Für sich selbst sind sie also nichts? Ich muss sie trotzdem grüßen und außerdem leise sein, weil sie sich sonst beschweren. Aber auch wenn ich leise bin, sehen sie mich unfreundlich an. Meine Eltern mokieren sich über die Einträge und mein Großvater sagt, dass er den Tierarzt gekannt hat, ein feiner Kerl, aber die Frau ist halt eine Hutblume. Was das ist? Na ja, hübsch, künstlich und

nutzlos. Aber ich darf das nicht sagen, auf gar keinen Fall.

Dann gibt es den kleinen Herrn mit Brille und genauso einem Bart wie ihn die Ziege hat. Er versucht meiner Großmutter beim Frühstück einzureden, dass Honig für Kinder nicht gesund ist. Gemein, ich mag mein Butterkipferl mit Honig! Aber meine Großmutter pariert ihn: „Ja, für Kinder bis zum Alter von 12 Monaten ist Honig ungeeignet. Sie ist vier Jahre. Guten Tag. - Willst du noch Honig, Kind?“ Sicher will ich, auch noch ein Kipferl, wer weiß was es zu Mittag gibt, das ich nicht mag, und das ist eine Menge. Außerdem ist so ein Honigkipferl eine klebrige Angelegenheit; besonders weil ich manchmal drauf vergesse, wie ich es in der Hand halte, wenn ich einem Spatz zuschaue, der Krümel stibitzt, einem Eichhörnchen, das durch die Bäume flitzt oder sonstigen interessanten Dingen. Ich mag Honig aber trotzdem.

Dann gibt es die Frau Baronin, die selbe, die den Ehrenschutz für eine Veranstaltung der Musikschule übernommen hat. Sie ist sehr blond, hat viel Schmuck, viele Volants und der ganze Speisesaal riecht nach ihr. Flieder mit Zyklamen oder so ähnlich. Meine Großmutter hat damals mit meiner Ballettmeisterin einen vielsagenden Blick gewechselt. Die beiden Damen waren sich einig, dass die Baronin keine Dame ist. Und Oma sagt, sie muss sie nicht kennen, schließlich war sie selbst ja nur Begleitperson, eine von vielen im Publikum und zum Glück kennt die Baronin sie auch nicht.

Dame sein ist aus irgendeinem Grund wichtig. Und ich muss zugeben, die als „Damen" eingestuften Frauen sind viel netter und angenehmer als andere. Sie schreien nicht, sie sind freundlich, sie hören zu und überhaupt. Auch wenn „und überhaupt" keine Kategorie ist. Aber Dame werden ist schwer. Saubere Finger, saubere Knie, „ordentlich" frisiert, nie in Eile sein; eine Dame geht rechtzeitig aus dem Haus und läuft einer Straßenbahn nicht hinterher, rennt nicht zum Zug sondern wartet am Bahnsteig. Aber vor allem: Eine Dame geht nicht ohne Hut auf die Straße. Ich hasse es, etwas am Kopf zu haben, egal ob Mütze oder „Huterl". Eine richtige Dame werde ich also wohl nicht.
Dann ist da der Mann mit der halben Glatze, dem viereckigen Gesicht und dem Knödel im Kinn, der immer sehr laut und wichtig redet. Er ist irgendwas beim Alpenverein, empfiehlt allen, die es nicht wissen wollen, welche Routen man unbedingt gehen soll, die er natürlich schon gegangen ist und auch markiert hat. Für mich ist eine Rute das, was der Krampus schwingt, aber Oma erklärt, dass das Französisch ist und *Weg* heißt. Der Mann kündigt auch einen Lichtbildvortrag an, aber daraus wird nichts.
Frau Friedrich ist ganz etwas Anderes. Sie sitzt am Nebentisch und gratuliert meiner Großmutter in der Honiggeschichte, nachdem der kleine Herr Ziegenbart sich beleidigt zurückgezogen hat. „Den haben sie gut zurecht gewiesen. Wer keine Ahnung von Kindern hat, soll sich nicht einmischen und wer Ahnung hat,

auch nur ausnahmsweise.“ Frau Friedrich ist laut meiner Großmutter eine Dame. Sie hat sich im Hotelbuch nur mit „Bibiane Friedrich“ eingetragen, aber im Gespräch stellt sich heraus, dass sie eine Volksschule geleitet hat. Sie hätte also „Volksschuldirektorin i.R.“ hinschreiben können. Macht sie aber nicht „weil sie das nicht nötig hat“, wie meine Großmutter sagt. Frau Friedrich geht bald mit auf unseren Ausflügen und sie ist lustig. Was sie alles weiß oder erfindet! Manchmal singen sie und meine Großmutter zweistimmig. „Wenn alle Brünnlein fließen“ oder „Ännchen von Tarau“ aber auch Schuberts „Wandern“ und den „Lindenbaum“ und noch so einiges, an das ich mich nicht erinnere. Frau Friedrich weiß auch ein Tanzlied: „Auf der Mauer auf der Lauer sitz die kleine Wanze“ und ich bringe ihr dazu den Auf-Zu-Galopp bei. Sie kann ihn sofort und dahin geht’s! Auf langweiligeren Wegstrecken erzählt sie mir auch Geschichten von „Alice im Wunderland“ und „Pippi Langstrumpf“. Das ist eine neue Welt für mich. Grimms Märchen hat meine Großmutter schon um Hauff und Bechstein erweitert, „Zwerg Nase“ und „Kalif Storch“ sind gute Bekannte, ebenso wie die „Maus Sambar“ und „Mann und Frau im Essigkrug“. Aber die sind nicht so lustig wie Alice und Pippi. Wenn ich wegen der Hutsache schon keine Dame werden kann, dann vielleicht eine Pippi? Meine Großmutter und meine Mutter verweigern das kategorisch. Innerlich ja, eine kritische Haltung ist sogar wünschenswert, aber äußerlich ganz sicher nicht!

An manchen Nachmittagen, wenn das Wetter nicht freundlich ist, spielt Frau Friedrich auch Klavier, nur für sich, damit sie nicht einrostet, wie sie sagt. Im kleinen Speisesaal, auch „Salon“ genannt, steht ein Flügel, den sie benützen darf. Auf der Veranda davor kann man es hören. „Chopin“ sagt meine Großmutter und „Schumann“ während ich mit Malbüchern beschäftigt bin und sie mit einer Strickarbeit. Warum gibt es nicht mehr Erwachsene von der Sorte?

Musik, Musik

Dame mit großem Hut und kleinem Hund

Cécile Chaminade vielleicht, oder auch nicht

London. Das Taxi hält vor dem Eingang des mondänen Hotels. Ein Mann springt heraus, übernimmt das Kommando. Träger eilen herbei, Koffer werden ausgeladen, eine kleine Dame mit Topfhut steigt ebenfalls eilig aus dem Taxi, wieselt und dirigiert mit einem französischen Redeschwall um die Koffer herum, behindert die Träger. Die sind das gewöhnt, lassen sich nicht aus der Ruhe bringen. Zuletzt steigt eine Dame mit einem kleinen Hund aus dem Wagen. Dankt dem Fahrer. Den eindrucksvoll livrierten Hoteldiener, der ihr die Wagentüre aufhält, fragt sie, wo sie hier den Hund ausführen kann, er braucht Bewegung nach der langen Reise. Er zeigt ihr eine kleine Türe, öffnet sie für sie. Durch einen Wirtschaftshof in eine Gasse, die in die Anlagen am Flussufer führt. Von der anderen Seite kann man die Türe ohne Schlüssel öffnen. Der kleine Hund läuft bald aufgeregt durch die Wiesen neben der Promenade, zwar an der Leine, aber mit genug Reichweite, wälzt sich im Gras, schüttelt sich, bellt vergnügt.

Als die Dame schließlich das Hotel durch die Drehtür betritt, zieht sie alle Blicke auf sich. Großer Hut, kleiner Hund am Arm. Das allein ist nicht ungewöhnlich. Was zieht die Blicke an? Der Hut? Ein Traum in Grau und Apricot. Die Eleganz der Kleidung? Graue, lange Jacke über apricotfarbenem Wollkleid. Es könnte wohl keiner erklären, elegante Erscheinungen gibt es hier genug, aber diese zieht eben die Blicke auf sich. Ihr Lächeln? Die Haltung? Das Entree atmet Noblesse aus allen Poren, glänzt in Schwarz-Weiß, Glas und dem Honigton des Holzes, die Leuchten spiegeln sich im Boden. Trotzdem überstrahlt sie das.

Der Herr, der das Ausladen des Taxis geleitet hat, wartet schon auf sie, begleitet sie zum Fahrstuhl, redet auf sie ein. Sie unterbricht ihn lächelnd „Monsieur Baton, den Terminkalender kenne ich, ich möchte wissen, ob es hier im Haus ein Klavier für mich gibt oder ob ich außer Haus muss." Baton druckst ein wenig herum, gesteht schließlich, dass es erst am übernächsten Tag ein Klavier für sie gibt. Der kleine Hund knurrt, wird beruhigt. „Übermorgen? Da beginnen ja schon die Orchesterproben. War unser Englisch zu schlecht oder das Französisch im Büro? Sehr unbefriedigend. Da muss ich mir selber etwas organisieren. Baton, sie enttäuschen mich." Sie wendet sich an den Liftboy wo es Telefon gibt. Im Zwischengeschoß? Dann bitte dort halten. Baton wird weg geschickt, er soll sich um ein Klavier kümmern. Die Dame schlüpft in eine der geräumigen Telefonzellen, zieht die Türe zu, lässt sich verbinden. Als sie schließlich die Freundin am anderen Ende der Leitung hat, entspannt sie sich, freundlicher Wortschwall von beiden Seiten. Natürlich kann sie kommen, jederzeit, das Klavier ist immer gestimmt, wie nachlässig vom Hotel. Da stehen die Musikfreunde Kopf, weil die gefeierte Pianistin hier gastiert und dann kann das selbstdefiniert beste Hotel am Ort kein Klavier bereitstellen. Also wirklich!

Die Dame begibt sich zur Rezeption, erbittet Schreibzeug und hinterlässt eine Nachricht für Ihre Zofe. Wo sie ist, warum und Baton nichts sagen. Jaqueline kann das übliche Procedere abwickeln. Sie schmunzelt. „Bitte die Nachricht gleich übermitteln, verlässlich, nicht so wie das mit dem Klavier."

Der Herr mit der beeindruckenden Livree winkt ihr einen Hansom herbei, der sie rasch ans Ziel bringt, durch Nebenstraßen, die stark befahrenen Routen vermeidend. Die Freundin hat offenbar schon gewartet, denn sie öffnet die Türe selbst. „Cécile! Wie schön dich wieder zu sehen! Herein mit dir! Und du hast Chouchou mitgebracht! Sie bekommt gleich einen Polster und eine Schale Wasser. Hast du schon gegessen?"

„Ach Dorothy! Danke, dass ich dich so überfallen darf. Nein, ich habe noch nicht gegessen, aber ich bin auch nicht wirklich hungrig - nur nach einem Klavier, nach zwei Tagen im Zug."

„Na, dann setz dich gleich an die Tasten. Ich lasse inzwischen Tee machen und ein paar Sandwiches. Dann kannst du dich stärken, wenn du den ersten Klavierhunger gestillt hast. So machen wir das!"

So geschieht es. Cécile spielt sich warm, mit ein paar eigenen Etüden, extra dafür geschaffen. Dann ein paar neue Stücke. Ihre Freundin spitzt die Ohren. Die Aufwärmetüden kennt sie, aber was sind das für neue Sachen? Aufregend, lustig, einmal muss sie laut lachen. Cécile dreht sich zu ihr um. „Du findest sie auch witzig? Gut! Meine Landsleute rümpfen die Nase. Das war von Eric Satie. Ich spiel dir noch etwas von Claude Debussy, hör zu.“ Dorothy hört, hört, schließt die Augen. Nach dem letzten Ton öffnet sie sie nur zögernd. Begegnet dem lächelnden Blick von Cécile, der zu sagen scheint „Na, hab ich zuviel versprochen?“ Dorothy holt tief Luft. „Wahnsinn, ich sehe dabei Farbflächen, kann mich nicht entscheiden ob Turner oder Degas. Hast du mehr davon? Und auch was Neues von dir?“

„Ja, ich hab die Noten mitgebracht, auch von Ravel und zwei neue Stücke von mir, aber sie sind noch im Koffer.“

„Ah, da kann ich meine Umgebung quälen.“ Dorothy lacht „Ich genieße es, ich komme der Musik näher, kann ihr auf den Grund gehen, wenn ich selber spiele, aber zum Anhören ist es nicht.“

„Also, das ist nicht wahr und du weißt es. Aber jetzt habe ich Hunger. Lass uns essen und tratschen und dann fange ich ernsthaft an zu üben.“

Chouchou hebt den Kopf und wedelt hoffnungsvoll. Auch für sie gibt es ein paar Leckerbissen. Dorothys Haushälterin hat ein großes Herz für kleine Hunde.

„Ich komme noch immer nicht darüber weg, dass das Hotel kein Klavier für dich hat." Bringt Dorothy schließlich wieder die leidige Angelegenheit ins Gespräch. „Hast du deinem Baton oder dem Manager wenigstens ordentlich die Meinung gesagt?"
„Das brauche ich nicht. Das besorgt meine Jaqueline. Sie gibt Baton kalt-warm wie ich das nie könnte." Sie kichert „Ihr Wortschatz ist bemerkenswert, rangiert über mehrere soziale Stufen und jede reichhaltig. Sie ist auch die einzige, die weiß wo ich bin. Außer vielleicht dem Türsteher, aber der hat Trinkgeld dafür bekommen, dass er mich nicht gesehen hat."
„Wird dein Baton nicht die Polizei verständigen?"
„Nein, weil ich wahrscheinlich gerade im Teesalon sitze."
„Wie bitte?"
„Ist dir noch nie aufgefallen, wie ähnlich Jaqueline und ich einander sehen? Nicht gerade wie Zwillinge, aber schon sehr. Sie ist nur etwas kleiner und zierlicher. Also habe ich ein paar Kleider doppelt machen lassen, jeweils eines für sie und sie vertritt mich bei Gelegenheiten, wenn ich keine Lust habe oder so wie eben jetzt. Ein Nicht-stören-Schild an meine Tür, sie verwandelt sich in Madame und erscheint im Teesalon. Sollte der Manager dort auftauchen, wird sie ihm entweder die Meinung sagen oder, falls er erklärt, dass ab morgen ein Klavier bereit steht, ihm huldvoll danken. Wahrscheinlich wird sie auch mit ein paar Damen plaudern, dabei ganz sicher erzählen, dass kein Klavier bereitsteht und sich sonst allgemein

beliebt machen. Sie kann sehr charmant sein und es macht ihr Spaß."

„Also das ist stark!" lacht Dorothy „Und die Damen werden ihrerseits dem Manager auf die Nerven fallen. Kann sie auch Klavier spielen?"

„Nein, da muss sie sich was einfallen lassen um abzulehnen, falls man es ihr zumutet. Aber sie hat eine hübsche Stimme. Ich höre sie manchmal bei der Arbeit singen. Aber die Stimme ausbilden lassen – ich hab es ihr angeboten - ‚Mon Dieu Madame, doch nicht ich!' Was willst du machen?"

Da stürzt die Haushältern herein „Entschuldigung, Madame Cécile, ihr Mädchen ist am Telefon, dringend, bitte."

Cécile eilt zum Telefon, lauscht, lacht, lobt, jubelt. Kommt zurück.

„Dorothy das errätst du nie. Weißt du was passiert ist? Während Jaqueline beim Tee war, ist ein königlicher - was weiß ich, wie er offiziell heißt – ein Bote mit Adelstitel halt, vorstellig geworden. Ob sie die Güte hätte – meint natürlich mich – nach den Konzerten in der Stadt ein paar inoffizielle musikalische Nachmittage in Windsor zu geben, als persönlicher Gast der Königin. Jaqueline war natürlich huldvoll entzückt, hat dankend zugesagt. Und daraufhin – jetzt halte dich fest – hat der Manager, denn er hat den Boten natürlich höchst persönlich zu ihr geführt, ihr versichert, untertänigst, dass ab morgen Früh ein Klavier für mich da sein wird. Ich lach mich quadratisch!"

„Großartig! Aber auch schade, ich hab mich schon darauf gefreut, dass du morgen den ganzen Tag bei mir verbringst."
„Und stell dir vor, wenn der Manager wüsste vor wem er zu Kreuz gekrochen ist und der Adelsbote, wem er mit vielen Verbeugungen die ehrenvolle Einladung überbracht hat!"
Die beiden Freundinnen lachen bis sie kaum mehr Luft bekommen, Chouchou bellt aufgeregt und die Haushältern – die natürlich nicht gelauscht hat – bringt Champagner und drei Gläser.

Zu "La Valse à mille temps"

(Jaques Brél)

Wenn sich alles dreht,..! so wie das Ringelspiel vor der Plage les Minimes!
Mir wird schwindlig!
Wirst du seekrank?
Nein, nie, wirklich nie!
Dann bist du auch am Ringelspiel vollkommen schwindelfrei. Es dreht sich nur ganz langsam, ist für Kinder und ganz sanft. Freilich, wenn man statt auf einem der Pferde in dem Pavillon mit Dach sitzt, der sich noch extra dreht,..
... wird mir schwindlig.
Komm, wir setzen uns in die Kutsche. Was ist das für ein Lied, das da spielt? Ein bisschen kratzig, wie von einem alten Grammophon. Ah, ein Walzer aus drei

Takten, vier Zeiten lassen sich schlecht tanzen, aber drei! Hei! Und immer schön im Kreis! Und immer schön im Kreis!

Auch der ganz alte Hafen hat drei Seiten, die vierte offen hin zum Meer, flankiert von zwei Türmen, Reste von Riesenfüßen, zwischen denen man eine massive, eiserne Kette spannen kann.

Erst ist das Wasser da,

dann ist das Wasser weg.

Heute liegen Yachten im Hafen, wo vormals Karavellen ankerten. Wieviele hatten da wohl Platz? Vier, fünf oder sechs? Welch Mut, auf solchen Nussschalen dem Atlantik vertrauen!

Dann ist das Wasser weg,

Ebbe, die Segelboote liegen schief am schlammig-grünen Grund. Wie war das mit den Karavellen? Nur längs am Kai vertäut, das hält sie aufrecht. Ah!

Erst ist das Wasser da,

der Strand schmal und windig. Nur in windgeschützten Nischen ist gut in der Sonne liegen, das Wasser auch im Juli ziemlich kalt. Der Sand immer feucht, gut um Burgen draus zu bau‘n.

Dann ist das Wasser weg,

und ganz weit weg, der Strand sehr breit. Die Muschelfischer mit ihren Rechen und bunten Kübeln weit draußen. Kurze Hosen, Hemden, Stiefel oder mindestens Sandalen. Muschelschalen sind scharf und manchmal sind auch Glasscherben im Sand. Ein paar Stunden haben sie Zeit, dann kommt das Wasser

zurück im Galopp, kein sanftes Steigen. Neptuns Rosse sind hier ungebändigt, wild.
Mir wird schwindlig!
Immer der Wind! Zerrt an Kleidern, Hosen, Haaren.
Erst kommt der Wind vom Meer,
dann kommt der Wind vom Land.
Auf der Promenade weht er heftig, in der Stadt etwas sanfter. Aber überall erkennt man Einheimische und Fremde leicht: die Fremden tragen Jacken über Sommerkleidern. Wenn sie an die Temperaturen gewöhnt sind, müssen sie wieder nach Haus.
Erst kommt der Wind vom Meer,
im Park kommt der Wind von überall, die Luftballons ziehen heftig an den Schnüren. Gut festhalten! Schleife ums Handgelenk. Ein Ballon und ein Eis am Stiel, das Gehen durch den Park, das Gehen durch die Stadt, ein Hut im Cowboystil in einem Auto groß und weiß. Was Auto, Limousine, extra lang.
Dann kommt der Wind vom Land.
Kaffee am alten Pier, die Türme stets im Blick, die Wanten sind im Takt, tausend und einmal drei, der Ober ennuyiert, beinahe wie daheim.
Dann kommt der Wind vom Meer und morgen geht's nach Haus.

Sturm

Pasqualatihaus

Der Wind zeigt was er kann. Am Boden spielt er mit den Autos, tut so, als ob er sie von der Straße schieben wollte. Am Himmel treibt er Wolken, ganze Herden, weiße und Schattierungen von Grau, hell bis dunkel; dicke, stromlinienförmige Wolkenwale. Genug blaues Himmelsmeer dazwischen, dass die Sonne zwischgoldene Strahlen hindurch schieben kann. Die Berge hat der Wind so blank gestürmt, dass sie ganz nahe scheinen. Übermütig nimmt er einen Sonnenstrahl, peitsch eine Wolke, dass sie vor Schreck ganz weiß wird und das Wasser, das sie mit sich trägt, verschüttet. Sie flüchtet sich zu einer großen, stahlgrauen Wolkenwalze, die ihr Schutz bietet und ihr Wasser teilt.
Ein Mann geht die Rampe zur alten Bastei hinauf, stämmig, die Hände am Rücken verschränkt, der kurze Mantel flappt im Wind. Es sieht aus, als würde der Wind ihn schieben. Er hat aber selbst Schwung genug um die vier Stockwerke hinauf zu stürmen, immer rund um die Wendeltreppe. Oben nimmt er das Tempo zurück, auch wenn er sich nicht die Zeit nimmt, den Mantel auszuziehen. Der Schiffboden knarrt, als er an ein Fenster tritt. Blick auf Dächer und Dachgeschoße großer, repräsentativer Bauten. Er knurrt etwas. Ja, schade um den Blick, den es einst hier gab, am Rand der Stadt, jetzt Teil des Zentrums. Er geht

von einem Fenster zum anderen, trommelt mit den Fingern auf die Fensterbretter. Summt und brummt etwas vor sich hin. Geht in ein nächstes Zimmer, Hände am Rücken, geht zur Wand gegenüber den Fenstern, wirft einen Blick auf Noten, die dort in einer Vitrine liegen. Brummt etwas, das mehr wie ein Knurren klingt, geht zurück ans Fenster, weiter, in die nächsten Räume. Bleibt vor einem Bild stehen. „Ha!" und dann zischt er etwas Unverständliches. Das Bild zeigt Domenico Artaria, den Verleger. Im sechsten Raum liegt ein Gästebuch auf einem kleinen Tischchen. Der Mann wirft einen Blick hinein, schnaubt, stürmt zum Ausgang, Im Vorbeigehen nickt er der Dame an der Kasse zu. Weg ist er. Kurz darauf, sieht man ihn die Rampe der Bastei in schnellem Schritt hinunter eilen, stadteinwärts um die Ecke.
Wer war das? Die Dame an der Kasse erklärt mit einem Schmunzeln: Ein Musikwissenschaftler. Geht hier aus und ein genauso wie im neuen Beethovenmuseum draußen in Heiligenstadt und im Archiv des Musikvereins. Hat Dauerkarte und Sondergenehmigung. Seit sie das Museum hier ziemlich geplündert haben um das neue, große Museum besser auszustatten, ist er seltener hier. Seltsamer Kauz. So wie er heute war, spricht man ihn besser nicht an, aber er kann auch sehr charmant sein. Besonders, wenn sie grade frischen Kaffee gebrüht hat, nebenan, im Pausenraum der Angestellten des Museums, und man es riecht. Wenn sie ihm dann davon anbietet, strahlt er direkt.

Die Eingangstüre fliegt auf, als hätte der Sturm sie aufgerissen. Der Herr, von dem wir gerade sprechen ist zurück. „Ihr könntet hier wirklich mehr Notenmaterial ausstellen, ist ja Platz genug." Er klingt aufgebracht. Das energische Kinn durch die Spalte gleich doppelt rabiat. „Müssen ja nicht die Originale sein, die sind im Musikverein ohnehin besser aufgehoben." Er hat Notenblätter in der Hand. Ein bisschen zerknittert. „Beim zweiten Klavierkonzert spielen alle die Kadenz für die Durchlaucht, lauter Ignoranten! Dabei ist die ursprüngliche schöner und passender. Der Erzherzog wollte halt was Virtuoses." Er knallt die Notenblätter auf das Pult der Dame vom Museum. „Sie haben doch eine Freundin, die Klavier spielt. Wenn sie demnächst das Konzert spielt, soll sie die alte Kadenz nehmen. Ich hab ihr auch das Autograph kopiert. Ist nicht so schwer zu lesen wie alle behaupten." Nickt kurz, dreht ich um, stürmt hinaus. Die Türe knallt zu. Ob er das „Danke" noch gehört hat? Die Dame streicht die Blätter glatt. Da hat der Herr Professor, oder was er auch ist, wieder etwas ausgegraben. Ihre Freundin wird sich freuen. Auch wenn das Autograph eine Sauklaue ist, mit Verlaub gesagt. Die Freundin hat ohnehin darüber geklagt, dass die Erzherzog-Kadenz nicht richtig passt. Die Tür fliegt noch einmal auf. „Ich hab was vergessen." Der Herr Dauerbesucher mit dem widerborstigen Wirbel im dichten Haarschopf zieht noch ein paar zerknitterte Blätter aus der Innentasche seines Mantels, klatscht sie aufs Kassenpult. „Opus 31/2, das Adagio, andere

Fassung. Gibt's nicht gedruckt, nur in Reinschrift mit Fragezeichen. Ist also nicht verworfen. Aber ja nicht anstatt der gültigen Fassung spielen, nur als Encore."
„Oh!", sagt die Dame „Der Sturm! Danke."
Der Herr winkt ungeduldig ab. „Wer sich d-Moll nicht merken kann, soll es nennen wies beliebt. *Prospero* oder *Ariel* ist grade so gut. Ich hab Ihre Freundin spielen gehört. Sie ist besser als – ah – na, egal, jedenfalls sehr gut. Meine Reverenz!" Und er ist wieder draußen. Auf den zerknitterten Blättern ist ein Kaffeefleck. Die Dame schmunzelt. Sie wird die Freundin gleich anrufen und ihr alles erzählen. Ist eh nichts los hier. Wochentag, Sturm, vierter Stock ohne Lift. Wer kommt da schon?

Wenn die Musik spielt

(Haydn Symphonie Nr. 55 Es-Dur)

Ein großes Schloss, ein Park, vornehme Gäste, die unterhalten werden wollen. Wenn die Kaiserin eine „gescheite Opera" hören will, kommt sie hierher. Stuck und Gold und einen schönen Park hat sie daheim auch, aber die Musik! Dafür nimmt sie die lange Fahrt, das endlose Rollen der Räder und Rumpeln über Landstraßen in Kauf. Sie hat ohnehin Arbeit mit. Immer. Auch wenn der Joseph jetzt schon die Last mitträgt. Besser ihm und dem Kanzler auf die Finger schauen. Ach was sie sich auf die Musik freut! Und Esterhaza ist sauber, nicht so ein Saustall wie Versailles. Was hat der Kaunitz ihr da mitgegeben? Also das geht so nicht. Von der nächsten Poststation einen Kurier schicken. Immer diese leidigen Staatsgeschichten. Wenn nur schon Musik wär!

Eine Dame geht, gleitet durch einen langen Gang. Robe à la francaise, ovaler Reifrock, weit ausladend, viel Stoff bis zum Boden, viele Unterröcke, wenig Bewegungsfreiheit. Hochgetürmte Haare mit zusätzlichen Haarteilen, weiß gepudert. Vorsichtig bewegen, damit nichts ins Rutschen kommt, nichts sich löst. Und weil Katzen in den noblen Räumen nichts verloren haben, nur frei zwischen Küche, Vorratsräumen und Höfen streifen, amüsieren sich die Mäuse hinter den Lambris und Tapisserien. Sie turnen und tollen, manchmal gibt es bei den Menschen auch Musik zu der gut tanzen ist. Doch zuweilen treiben sie es zu tollkühn und lassen sich blicken. –Du traust dich nie! Tu ich doch! – Oh weh, wenn Madame und Maus zusammentreffen! Beide erschrecken, Madame stößt schrille Schreie aus. Bücken geht kaum mit dem engen Mieder. Laufen? Mein Gott, die Frisur! Mäuse lieben Stoff und Falten um sich zu verstecken, sind gute Kletterer. Nicht auszudenken, wenn sie unter die Röcke gerieten, die vielen, mit den steifen Falten! Also etwas raffen, soweit möglich. Die Maus ist wieder in die Lambris geschlüpft. Madame kann aufatmen, soweit die Schnürung es zulässt, die Röcke fallen lassen und weitergehen, schreiten, gemessen. Aaaah! Da, schon wieder eine Maus! Eine andere, die beim Gerangel mit den Geschwistern aus der Wand geraten ist. Das verflixte Astloch, kaum sichtbar im weißen Lack. Der Aufschrei von Madame treibt sie schnell zurück. Madame geht tapfer weiter, die Galerie scheint endlos. Wo sind all die anderen, Rettung in der Vielzahl, die mit ihren festen Schritten die Mäuse in Schach hält. Jetzt weiß Madame, warum die Gräfin Batthyany immer einen dieser langen Taktstöcke mit sich trägt, mit dem sie beim Gehen auf den Boden stößt. Iiiceh! schon wieder eine Maus! Die Atlasschühchen machen kaum Krach, auch wenn man fest aufstampft. Endlich die Türe und Stimmengewirr. Schluss mit Mäusen.

Ob nach dem Konzert und dem Diner getanzt wird? Wohl nicht. Die Kaiserin ist da und nach bald zehn Jahren immer noch in Trauer. Das einzige Menuett wird wohl in der Symphonia sein.

Drüben im Dorf wird Erntedank gefeiert. Der Fürst soll leben und der Pfarrer dazu! Nach der Messe geht es hoch her, Tanzboden und Lebzeltherzen, Blasmusik und Pußtaklang der Fahrenden. Da schwenkt jeder sein Mädel – oder auch ein anderes. Oder sitzt beim Wein und redet klug. Bis einer widerspricht, dann wird es laut. Oder sein Mädel reklamiert, auch nicht leise, weil das Mädel Widerworte gibt. Die Leute aus dem Nachbarort sind gekommen, Erntedank ist nicht alle Tage, und mischen sich jetzt ein. Erst fliegen die Worte, dann klatscht es hörbar. Alles was recht ist! Und jetzt fliegen die Fäuste, die Mädchen kreischen und ziehen sich zurück. Was die Pursche auch immer raufen müssen! Die Musiker bringen die Instrumente außer Reichweite. Auch an den Tischen sprechen die Fäuste und mischen sich mit denen vom Tanzboden. Da ist sie im Gang, die schönste Kirtagrauferei! Deshalb ist man doch da! Ohne wär's nur der halbe Spaß! Doch der Wirt ist ein Spielverderber und holt den Büttel. Der kommt mit seinen Leuten, die lassen erst die Knüppel tanzen und sind bald selbst mitten drin im Gewühl. Was für ein Jux! Jetzt sind die Raufenden vereint gegen die Ordnungshüter. Doch bald wird es den Frauen zu bunt. Sie müssen ja die Risse in den Kleidern flicken. Also schnappen sie Kübel mit Wasser um die erhitzten Gemüter zu kühlen, dann die vorsorglich mitgebrachten Regenschirme, greifen, sobald einer an den Rand des Trubels gerät ihren Mann, Sohn, Bruder, trennen ihn mit ihrem Parapluie vom Gegner und zerren ihn davon, nach Hause oder erst zum Bader, je nachdem. Für den verbleibenden, ernüchterten aber wohlgelaunten Rest spielt die Musik einen Kehraus. Vorbei jetzt und lustig war's, drauf trinken wir noch einen und in zwei Wochen ist Hochzeit im Nachbarort, bis dann!

Aufforderung zum Tanz

(Ja, genau die, von C.M. von Weber, Rondo brillant, op 65)

„GNÄDIGES FRÄULEIN, darf ich bitten? Nein, bitte, schaun's mich nicht so bös an. Es ist so ein schöner Walzer, es wär schad den zu versitzen. Eine Einleitung wie auf Zehenspitzen."
Das ‚gnädige Fräulein' gibt widerwillig nach. Es hat ja wirklich keinen Sinn bockig herum zu sitzen, das bringt den Adrian nicht her und steigert nur den Ärger der Mama.
„Ja, so, vorsichtig auf den Stufen. Ein bisserl wild, der Anfang, aber ich werd' Sie nicht echauffieren, versprochen. Ich weiß, dass ich dem gnädigen Fräulein nicht angenehm bin, der Frau Mama dagegen schon. Psst, sie schaut uns zu, sehr zufrieden."
„Wie können's denn das sehen? Sie haben die Augen doch halb zu."
„Na eben deswegen. Mit halb geschlossenen Augen kann man weit herum schauen, ohne dass es wer merkt. Ja, jetzt dreht sie sich zur Baronin Greiner. Weil ich der Mama angenehm bin und außerdem ein entfernter Cousin, hat der Adrian mir ein Brieferl mit'geben, für Sie gnädiges Fräulein. Nicht aus'm Takt fallen, immer schön weiter im eins-zwei drei, eins zwei drei! Ja so ist es recht. Ich hab's im linken Handschuh. Wenn wir unter der Musikest-

rade sind, können Sie's hervorziehen. Da sind wir der Frau Mama aus'm Blick. Aber sie schaut eh nicht, ist zu beschäftigt mit der Greiner. Ist auch für was gut, dass die allen auf die Nerven geht mit ihr'm Basar. Ja, so ein schöner Walzer, taa daa dii daa, habens das Brieferl? Ich wedel ein bisserl mit meinem Taschentüchl, muss mir den Schweiß abtupfen. Haben Sie's eing'steckt? Gut, dann tanzen wir weiter. Die Mama hat sicher nichts dagegen, wenn Sie nachher ein bisserl mit mir promenieren, im Wintergarten, fast schon ein Palmenhaus. Die Auersperg wissen, wie man so was anlegt. Da können's dann das Brieferl lesen und dem Adrian eine Antwort geben. Ja, so ist recht, so ein zauberhaftes Lächeln steht Ihnen viel besser als das ernste Gsichterl, wenn ich mir die Bemerkung erlauben darf. Und haben Sie gewusst, dass der Wintergarten einen zweiten Eingang hat? Das Wasser und die Erden bringen's ja nicht über die Parkettböden, die Gärtner, mit ihre schweren Schuh."

„Ein zweiter Eingang? Heißt das, der Adrian – holt sich seine Antwort persönlich?"

„Könnt schon sein, soviel ich weiß. Und morgen, vielleicht, lasst die Mama Sie mit mir in'n Prater fahren, in so einem schönen, weißen Kleid, wie man sich halt trägt zum Praterfahren. Wenn meine Frau Schwester mit ist, vielleicht auch ihre zwei

Mäderl, schön rausgeputzt, kann's ja nix dagegen haben. Sind herzig, die zwei."
„Wieso erzählen Sie mir das? Und in'n Prater?"
„Warum nicht? Vielleicht weiß ich auch, was drin steht, im Brieferl. So ungefähr halt, weil ich mich nicht hergeben tät, wenn's nur ein Spaß wär oder gar eine Gemeinheit. Und weil der Adrian kein dahergelaufenes Bürscherl ist, als das Ihre Frau Mama ihn abtut. Ihr Herr Vormund, gnädiges Fräulein, weiß es auch besser. Vielleicht auch in'n Prater, weil der Weg von Ihrem Haus dorthin an St. Peter und Paul vorbei führt. Aber schau, jetzt ist der Walzer aus, so zart und so ein schöner Akkord! Und ich führ sie wieder zurück und frag ganz artig ums Promenieren im Wintergarten. Und Sie lassen sich nichts anmerken, gell? Nicht zu viel Freud, wo Sie mich doch nicht leiden können. Lassen's ruhig zu, dass die Mama Sie drängt."

Dass diese Gänse immer diesen wundervollen Walzer verhunzen müssen! Die Etüden und die leichten Stücke sind ihnen nicht gut genug. Sie müssen sich an sogenannten Bravourstückerln vergreifen. „As bitte, As, nicht A!"
Vergreifen im wahrsten Sinn.
Der Direktor sagt, ich soll sie das halt nicht spielen lassen. Ha, da kennt er die Eltern schlecht, besser gesagt die Mütter. Die verlangen das von mir. Wenn der Fratz von der Freundin das spielt, muss

ihre Tochter es auch tun. Muss doch bei irgend einem Tantengeburtstag aufspielen. Die arme Tante. Weiß sie wenigstens, wem sie ihr Geld nicht vererbt. Und diese Hyänen haben dann auch noch die Stirn eine einfache Version zu verlangen. Nicht Des-Dur, wie es komponiert ist. Doch keine fünf *b*! Am besten ganz ohne Vorzeichen. Als ob die Tonarten zur Sekkatur für die Spieler erdacht wären und keinen eigenen Charakter hätten. Wer einmal ein Foto von Nijinski als Rosengeist gesehen hat, weiß wie das klingen muss. Er ist Mensch gewordene Melodie. Trotzdem freundlich bleiben, sonst wird es noch schlimmer.

„Nein, nein Stopp! Das musst du noch getrennt üben. Erst die rechte Hand, langsam, deutlich, eins und, und, drei; eins, zwei, Pause –und Des! Noch einmal! Eins und, und, drei; eins, zwei, Pause; Vorschlag, eins, zwei und drei und, eins und zwei und drei –As! Noch einmal."

Diese gehörlosen Ungeheuer werden mich noch um den Verstand bringen. Irgendwann werde ich schreiend aus dem Fenster springen.

„Ja, gut und jetzt punktiert, auch wenn‘s nicht da steht, es ist zum Üben! Tám ta tám ta tám, ja genau. -- Und jetzt verkehrt punktiert ta tám ta tám, -- Ja und jetzt wie es sein soll."

Wenn sie ordentlich üben wollte, könnte es sogar was werden.

„Na siehst du! Und jetzt das Gleiche mit der linken Hand.“
Sie scheint eine heimliche Linkshänderin zu sein. Links klappt besser.
„Gut, und jetzt zusammen.“
Gott sei Dank, die Stunde ist bald aus.
„Die nächsten beiden Zeilen bis zum Wiederholungszeichen übst du genau so zu hause.“
„Mamma lässt mich das nicht. Sie sagt, das Punktieren verdirbt das Gehör.“
Herr gib mir Geduld!
„Dann übst du, wenn sie nicht daheim ist. Wenn sie daheim ist, wiederholst du die Laufetüden.“
Wenn sie so gescheit ist, soll sie ihre Gans selber unterrichten.
„Spielst du eigentlich gern Klavier?“
„Nein. Ich würde lieber Oboe spielen, die klingt viel schöner. Ich hab es auch schon probiert. Aber Mamma sagt, wenn man die Backen aufbläst, sieht das hässlich aus und für ein Mädchen kommt das nicht in Frage.“
Herrje, jetzt tut sie mir leid, ich nehm die Gans zurück und häng sie wem anderen um.
„Was sagt dein Vater dazu?“
„Dem ist das egal. Er sagt, um solche Kleinigkeiten streitet er nicht, er hat genug anderes am Hals.“
„Hm. Ich überleg mir was. Aber Klavierspielen ist eine gute Übung für allgemeines Musikverständnis.

Sieh es vorläufig so, geht das? Also, bis zum nächsten Mal."

Das auch noch. Ich bin doch weder Sozialarbeiterin noch Familientherapeutin. Eine halbe Stunde Pause, Kopfhörer auf und selber spielen. Bisserl Beethoven zum Frust abbauen. Die nächste junge Dame ist erfreulicher.

„So, Magdalena. Hast du dich mit dem Bach angefreundet?"

„Oh ja! Soo schön! Und liegt so gut in der Hand. Aber Sie werden mich jetzt gleich steinigen oder rausschmeißen. Ich hab mir nämlich die „Aufforderung zum Tanz" vorgenommen. Meine Oma mag sie so und ich will sie damit überraschen. Erst hab ich gedacht, es ist eine schreckliche Schnulze und ich mach's nur ihr zuliebe, dann hab ich bemerkt wie viel da drin steckt. Aber es gibt ein paar verflixte Stellen. Können Sie mir damit bitte helfen? Ich fang einmal an und überspring das, wo es haarig ist, ja?"

Um Gottes willen! Sie auch! Das einzige wirklich begabte Kind und verfällt auch diesem Wahn. Sind alle verhext?

„Na gut, fang einmal an."

Was soll ich sonst sagen? - Was ist das? Tatsächlich Des Dur. Und mehr als ordentlich, das hat Seele! Das schwingt! Ja, drüber summen und wieder einsetzen. - Und der Melodiewalzer hämmert nicht

sondern schmilzt und schmeichelt. - Lässt es ausklingen, schwinden, ausatmen. Dieses Kind! Und mit knapp zwölf ist sie noch ein Kind.
„Magdalena, das ist wunderschön! Seit wann übst du das?"
„Seit Sonntag. Drum sitzen die paar Stellen auch noch nicht."
„Nicht länger als vier Tage? Und den Bach dazu?"
„Ja, der lockert auf, macht den Kopf frei."
Genau. Da weiß ich wieder, wieso ich unterrichte. Sie wiegt die Gänse auf.
„Also komm, dann nehmen wir uns jetzt die Stolpersteine vor!"

Ein geräumiger Saal, eine Swing-Band, tanzende Paare. „Let's Dance" ist ein Hit. Eine Radiosendung mit Swingmusik beginnt mit dieser Signation. Wenn sie ertönt, drehen in den Bars und Gasthäusern die Wirte die Radios laut. Jeder will das hören, Benny Goodman hat alle bezaubert, allen den Kopf verdreht. Der Weber'sche Walzer ist jetzt ein Swing, zieht pfeilgrade dahin, die Bassnoten in die Melodie hinein genommen, denn Dreiviertel ist zu Vierviertel geworden, statt fünf *b*s zwei. Die langsame Einleitung ist auch weg. Welche Dame ziert sich noch, wenn sie aufgefordert wird? Im Gegenteil, die Flapper ziehen ihre Tanzpartner selbst aufs Parkett. Ein Paar tanzt besonders gut, erregt Auf-

merksamkeit. Der Herr im Nadelstreif, die Dame in Polkadots, weiß auf blauem Grund, roter Gürtel, rote Besätze an den kurzen Ärmeln, der Rock fliegt elegant, die Beinarbeit ist schnell und präzise. Die anderen Tänzer bleiben nach und nach stehen und schauen zu, applaudieren.
Wieder an ihrem Platz ist der Herr, mit dem die Dame zum Tanz gekommen ist, wenig erfreut. „Musste das sein?“
„Ja. Ich will nicht warten, bis du dich herablässt mit mir zu tanzen, weil du was Besseres zu tun hast.“
„Er ist ein Gauner, ein Moonshiner.“
„Na und? Er tanzt gut, besser als alle anderen.“
„Ein anständiges Mädchen gibt sich nicht mit ihm ab.“
„Ach, und ich bin also kein anständiges Mädchen? Suchst du einen Grund, mich stehen zu lassen? Spar dir die Verrenkung und sag es grade heraus. Die Dame, mit der du dich *abgegeben* hast, wie du dich ausdrückst - ohne zu tanzen, wohlgemerkt - hat auch nicht den besten Ruf.“
„Dorothy bitte! Ich will dich nicht stehen lassen, das weißt du. Ich kann dir das jetzt nicht erklären, es dauert zu lange. Komm, lass uns tanzen.“
Die junge Dame sieht seinen Gesichtsausdruck und fragt im Aufstehen leise „Sam, hat es etwas mit deinen Verwandten zu tun?“ Er nickt. Sie drückt

seinen Arm, versteht. In Europa ist es gerade sehr ungemütlich.

„Don't Be That Way" ist kein Swing, ein hübscher Foxtrott, den die beiden eng tanzen. Während sie tanzen fragt Dorothy leise „Wo sind sie denn gerade?"

„Sie sitzen in Marseille fest. Ohne Geld für die Überfahrt nützt das Visum auch nichts."

„Oh, Mist!"

Dorothy ist die Lust auf tanzen vergangen. Das leidige Geld. Wenn sie etwas erspart hätte, würde sie es Sam geben. Aber die Wirtschaftskrise seit zehn Jahren hat alles gefressen. Sie beide und ihre Familien sind noch gut dran, weil sie Arbeit haben. Der Tanz heute ist gratis, eine Werbeveranstaltung, sonst würden sie es sich nicht leisten. Es muss gespart werden. Aber jetzt erklingt wieder das „Let's Dance"-Thema. Ein Sprecher kündigt die große Ziehung an, aufgesetzt fröhlich, reißerisch. Den „Let's Dance Sweepstake" der Frühstücksflocken-Firma, die die besten Flocken aller Zeiten herstellt und die auch die beliebte Radiosendungen sponsert. Die Ziehung wird natürlich im Radio übertragen. Sie sind *On Air*.

„Hast du Lose?" fragt Sam. „Natürlich, wer hat keine? Waren doch in den Packungen. Eine Losnummer sogar mit meinem Geburtstag."

„Na, dann musst du ja gewinnen." Beide lachen.

Der Sprecher preist die Vorzüge der Frühstücksflocken, während die Trommel mit den Losnummern hereingebracht wird. Zuerst der dritte Preis, eintausend Dollar. Niemand im Saal meldet sich, vom Telefon kommt eine Rückmeldung, wird verlautbart, beglückwünscht. Dann der zweite Preis, fünftausend Dollar. Wieder über ein Telefon, der Sprecher schickt Gratulationen nach Venice, California. Aber jetzt der Hauptpreis, zehntausend Dollar. „Wer wird so glücklich sein und die zehntausend Dollar gewinnen?“ Die Band begleitet die Ziehung mit leisem Schlagzeug-Tremolo.
„119 08 153! Wer hat das Los mit der Nummer 119 08 153 ?“
„Mein Gott!“ ruft Dorothy „Das hab ich, ich glaub mich trifft der Schlag!“ Sie wird zur Bühne gerufen, der Notar kontrolliert ihr Los, der Sprecher gratuliert ihr überschwänglich, Dorothy lacht und weint zugleich. Versichert, dass die Frühstücksflocken täglich auf ihren Tisch kommen – sie trinkt nur eine Tasse Kaffee, aber sie weiß, was erwartet wird und für zehntausend Dollar kann man schon ein bisschen schwindeln. Natürlich die Frage was sie mit dem Geld machen wird. „Heiraten und unsere Verwandten aus Europa herausholen.“ Wie aus der Pistole geschossen. Der Herr mit dem Mikrofon wittert Werbeträchtiges, erkundigt sich zuerst nach dem künftigen Ehemann, er muss auch nach vor,

dann nach diesen Verwandten. Ah! Sie flüchten vor diesem *Herrn Hitler*? Die Überfahrt wird die Firma organisieren, wenn es keine andere Möglichkeit gibt, auf einem ihrer Frachter. Drei Erwachsene und ein Kind kann der leicht mitnehmen.

Natürlich wird es bei der Ankunft ein Interview geben; wenn nötig wird Sam übersetzen. Der Herr am Mikrofon beendet die Sendung mit Elan und hoch zufrieden. Was für ein Coup! Das gibt morgen Schlagzeilen. - Und zuletzt erklingt noch einmal „Let's Dance".

Kalendergeschichten

Jänner - Die Krähe

Die Krähe schaukelte auf einer Oberleitung. Ihr war etwas langweilig. Rutschen auf den Fenstern der Dachgeschoße war lustig gewesen, aber das kleine bisschen Schnee war aufgebraucht und weggetaut. Fressen beschaffen war auch erledigt. Ein Nussversteck geöffnet und die Reste von zwei Imbiss-ständen an der Ecke des Parks waren leichte Beute. Die Freunde waren auf der Suche nach Unterhaltung zum Fluss geflogen, aber dazu hatte sie heute keine Lust. Aber schau, da lief ein Mann aus einem Haus, einem Geschäft mit großen Glasfenstern, über die Straße und in den Park und gleich hinter eine immergrüne Gebüschgruppe. Das konnte interessant sein. Nachfliegen. Der Mann zog die Haube vom Kopf, setzte eine andere auf, streifte die grellgelbe Jacke ab, rollte beides zusammen und nachdem er sich vergewissert hatte, dass niemand ihn sah, kam er langsam aus dem Gebüsch auf einen kleinen Weg. Ha, Stümper, du musst doch auch nach oben schauen! Jetzt stopfte er Jacke und Haube in einen Müllbehälter. Das Spiel kannte die Krähe. Sie merkte sich das Versteck und flog weiter hinter dem Mann her. Sie selbst vergewisserte sich sehr wohl nach allen, wirklich allen Richtungen, ob jemand zusah. Noch einmal wich der Mann vom Weg ab und steckte etwas Schwarzes über seinem Kopf in eine Säuleneibe. Die Krähe merkte sich auch dieses Versteck, innerlich triumphierend, weil der Mann sie nicht sah. Die Beute war ihr gewiss! Jetzt zündete sich der Mann einen von diesen rauchenden, stinkenden Stängeln an, setzte sich auf eine Bank am Teich und warf den Enten Brocken einer Semmel zu. Eine Gruppe frierender Touristen scharte sich um einen Führer, der etwas über die Steinbilder erzählte. Ein paar von den Touristen pfiffen auf die Erklärung und begannen ebenfalls die Enten zu füttern.

Die Krähe flog auf um einmal eine Übersichtsrunde zu drehen. Was war das? Bei dem Haus, aus dem der Mann gelaufen war, standen Autos mit blinkenden blauen Lichtern, Leute deuteten aufgeregt über die Straße zum Park und andere in blauen Jacken und Schirmkappen liefen in den Park. „Polizei" nannten sie die Strotter, die im Park nächtigten. Das Spiel versprach interessant zu werden. Der Weg, der in den Park führte teilte sich, und die Polizisten waren unschlüssig, welchen Weg sie nehmen sollten und sprachen in schwarze Kästen, worauf noch ein paar von ihnen in den Park liefen. Die Krähe kam tiefer und setzte sich hoch oben in einen Baum, der nahe beim Mülleimer stand. Die darin versteckten Sachen waren ihre Beute. Von oben kam man zwar schwer an den Inhalt, aber die Krähe wusste, wie man den Boden aufmachen konnte. Da kam dann alles heraus und man konnte bequem auswählen. Die Polizisten kümmerten sich aber nicht um den Müllbehälter, sie schauten nur nach rechts und links zwischen die Bü-

sche. Als sie zum Teich kamen, hatten sie Überblick, aber sahen natürlich nichts. Die Krähe flog auf die Schulter der Steinfigur, von der der Führer erzählte. „Nein, niemand;" Führer und Touristen, von den Polizisten befragt „Nur der Herr, der die Enten füttert, aber der war schon da." Der Herr auf der Bank hatte auch niemand laufen gesehen. War mit seinen eigenen Gedanken beschäftigt. Die Krähe überlegte, ob sie den Polizisten helfen sollte. Die Strotter mögen sie nicht, aber die Krähen mögen sie auch nicht. Haben also vielleicht die Krähen und die Polizisten etwas gemeinsam?
Jetzt kamen auch die Polizisten, die den anderen Weg abgesucht hatten. Nichts. Gärtner, die die Bäume schneiden und eine Schulgruppe auf Exkursion. „Er kann sich doch nicht in Luft aufgelöst haben!" Die Krähe beschloss, den Polizisten zu helfen. Vielleicht würde es ja lustig. Sie flog zum Müllbehälter, setzte sich auf die Bank daneben und machte den Boden des Behälters auf. Die eingerollte Jacke mit der Skihaube rollte heraus, zusammen mit ein paar Papierfetzen, und noch allerlei, aber nicht viel. „Hierher, hierher!" schrie die Krähe. Einer der Polizisten drehte sich um, wollte schon was gegen die verdammten Viecher sagen, als er die Jacke sah. „Er ist doch hier durch gekommen! Schaut her!" Die Objekte wurden sichergestellt. Die Krähe saß wieder in einem Baum und sah herunter. Die Polizisten berieten sich. Was für Langweiler! Los, laufen, schreien, ich will Unterhaltung! Der Mann auf der Bank stand auf. Weglau-

fen, wäre blöd. Aber auf die Uhr schauen und dann langsam zum Ausgang schlendern, ging. „Verfluchte Krähen!“ brummelte er. Hätte er nicht tun sollen, denn die Krähe hatte es gehört. Na warte! Sie flog zur Eibe, nestelte das schwarze Ding heraus, nahm es in den Schnabel und ließ die Pistole den Polizisten auf den Kopf fallen. Dann flog sie laut kreischend hinter dem Mann her, ließ sich im Sturzflug auf seinen Kopf fallen, wobei sie ihm die Haube über die Augen schob, flatterte wieder auf, stieß wieder herab. Der Mann versuchte sie abzuwehren, aber sie ließ nicht locker. Endlich kamen auch die aufgescheuchten Polizisten angelaufen, umstellten den Mann. Die Krähe flog auf den nächsten Baum. Na also. War doch nicht so schwer oder? Durchsuchen, Geldkuvert in der Innentasche, Handschellen, Palaver in den schwarzen Kasten. Einer der Polizisten, ein junger, ging zu den Imbissständen, kam mit einem Pappteller mit einem Stück Leberkäse zurück, legte ihn oben auf den Sockel einer Steinfigur, grinste zur Krähe hinauf.
Die Krähe krächzte ein Dankeschön, holte sich das Stück und flog auf einen dicken Ast, hackte sich ein Stück heraus – köstlich – während sie beobachtete, wie der Mann zu einem Auto geführt und unsanft hineingeschoben wurde. Toller Tag! Besser als am Fluss. Von ihr aus konnte jeden Tag Banküberfall sein.

Februar – Karneval

Nicht nur die Stadt, auch der Karneval ist in Venedig „ein bisserl anders“.

Manche der gewundenen Straßen und Brücken sind extra festlich beleuchtet, manche liegen im üblichen Halbdunkel. Die frequentierten Pfade zwischen Markusplatz und Rialto bis zu St Polo und vom Rialto zur Accademia-Brücke, das Ufer vor San Marco bis zur Riva degli Schiavoni strahlen hell. Gruppen kostümierter Touristen vergnügen sich hier. Die Veneziianer hatten ihren Umzug schon am Nachmittag, in den prachtvollen, farbenfrohen Kostümen die teils aus der Commedia del Arte stammen und teils aus der Mode der Glanzzeit der Dogenrepublik, auch aus frühen Opern wie *„Eliogabale“*, *„La maga fulminata“** und *„L'amore in ballo“***: Kegelstumpfhüte, Hennins mit gepolsterter, mit Borten umschlungener Rolle, Turbane alla turca, Dreispitze, weite Umhänge, Schleppen, alles in schweren prunkvollen Stoffen, bestickt mit Seide oder Goldfäden, gesmockt, gerafft, ergänzt mit kunstvollen Masken vor den Gesichtern. Oder die dunklen, schwarzen Kostüme mit weißen Akzenten wie Avvocato, Dottore, Medico della Peste und der unheimliche Baùta; dazu L'Astrologo mit Sonne und Mond. Die volkstümlichen Figuren wie der hinkende Bernadone und Gnagna, die Dragqueen der Renaissance, je männlich-bärtig-plumper desto lustiger. Und natürlich der allgegenwärtige Arlecchino, die unzähligen Flicken am Gewand umgedeutet in seidig bunte Karos. Nur die schwarze Maske deutet noch auf seinen Ursprung aus Ruß, Asche und Unterwelt. Als Abschluss Commedia del Arte am Campo Morosini; Musik, von Vivaldi, Scarlatti und Monteverdi vor

San Marco, an den Rive Trommeln, Dudelsack und rauer Gesang.
Manche Touristen versuchen ihre Kostüme anzupassen, aber viele, allzu viele, zwingen was sie für lustig halten in die ihnen fremde Kultur zwischen den alten, ehrwürdigen Häusern. Cowboys und Zorros, Zigeunerinnen und Indianer, Katzen, Bunnys und rosa Panther, sie alle haben hier nichts verloren. Aber am schlimmsten treibt es eine Gruppe von Schlümpfen, schon ziemlich angeheitert. Sie ziehen im Zickzack und grölen „Humpa humpa humpa tätarä“. Sogar die Cowboys und Zorros distanzieren sich von ihnen.
Als sie auf die Ponte Tron am Rio Orseolo zusteuern taucht von der anderen Seite ein Baùta auf, gemessenen Schritts die Stufen hochsteigend, zuerst der Kopf sichtbar, Dreispitz, Maske, dann die Schultern, dann noch zwei Baútas rechts und links hinter ihm, und am Scheitel der Brücke sind es fünf. Sie nehmen die gesamte Breite der Brücke ein, gestaffelt, so dass jeder genug Bewegungsfreiheit hat. Hier bleiben sie stehen. An ihnen geht es nicht vorbei. „He mach mal Platz!“ kommt es von den Schlümpfen. Die Fünf rühren sich nicht. „Möönsch, de verstehn keen Deutsch, wie heißt‘n das auf Spagetti?“ „Englisch ist international, let us pass!“ Die Fünf rühren sich nicht. *„Signori, sareste così gentili da farci passare?”* – „Würden die Herren so freundlich sein uns passieren zu lassen“ – wäre die richtige Formulierung. Ob sie wirksam wäre? Müßig zu überlegen. „Manno, wir renn‘n die nieder!“ Der vorderste Schreier tritt einen Schritt zurück um

Anlauf zu nehmen, da ziehen die Fünf ihre Säbel, zugleich, ein fünffaches „Ssssst!“ Woher haben sie die Säbel? Im Karneval Waffen zu tragen war nur der Wache des Dogenpalastes erlaubt, allen anderen verboten. Aber jetzt zeigen fünf Spitzen nach oben. Ja, Spitzen, keine stumpfen Übungsrapiere. Alle Zuschauer ziehen die Luft ein, sogar die Schlümpfe sind still. Doch dann brüllt einer: „Pappnasen!“, stürmt auf die Reihe der Baùtas zu – und fliegt in hohem Bogen über das Geländer in den Rio Orseolo. Man hört es klatschen, dann platschen, schniefen und leise schimpfen. Man kann hier leicht herausklettern, sollte dann aber rasch in Trockene, Warme. Ein Zanni empfängt den nassen Schlumpf, wickelt ihn in eine Decke, fest, so fest, dass er sich nicht rühren kann, setzt ihn in ein Boot und es geht zum Bahnhof.

Die fünf schwarzen Gestalten setzen sich währenddessen in Bewegung, gemessen wie zuvor, ohne ein Wort oder einen Laut, nur die Säbel jetzt scharf schwingend, sssst von links nach rechts, sssst von rechts nach links, Pause, im Gleichklang. Die Menge am unteren Ende der Brücke weicht zurück, dreht sich um, flüchtet, immer wieder zurück schauend, ob die Fünf noch da sind. Aus dem kurzen Ende der Frezzaria kommen andere Masken, Dottori del Peste, mit den langen Schnäbeln der Masken und ihren Stöcken. Die Mäntel ausgebreitet, die Stöcke vorgestreckt, treiben sie die Menge Richtung Markusplatz.

Zur gleichen Zeit kommen andere Masken von der Accademia, Damen mit langstieligen Schirmen, noch geschlossen, ein Direttore in barockem Frack und weißer Perücke mit seinem langen Taktstock geht voran. Aus einem Palazzo am Campo S. Maria Formosa kommt eine Gruppe Avvocati, Pantaloni, einige elegante Damen. Dass gleiche aus der Ca Rezzonico, anderen Palazzi, Klöstern, Scuole. Sie treiben die unpassend kostümierten Touristen erbarmungslos zu ihren Hotels, zum Bahnhof, zu den Vaporettostationen. Sie treiben sie mit ausgebreiteten Mänteln, aufgespannten Schirmen, quer gehaltenen Stöcken. Wenn jemand sich ihnen entgegen stellt, lüften sie kurz ihre Masken, schön bemalte, prächtige Masken, woraufhin die Aufmüpfigen entsetzt, manche schreiend, flüchten. Gestürzte werden von den Dienergestalten, den Zanni, Capitani, Arlecchini aufgehoben und gestützt bis sie wieder allein laufen können. Die Zanni müssen dem Laufen nicht nachhelfen. Um Mitternacht sind alle Schlümpfe, Cowboys, Bunnies und Carmens in Mestre oder ihren Hotels in der Stadt.

„Wie?“ wundern sich die passend Kostümierten am nächsten Morgen, als die in der Stadt untergebrachten Unpassenden ihre Erlebnisse berichten. „Horden von Baùtas, die euch gejagt haben? Panik? Flüchtende? Wie betrunken wart ihr denn? Wir waren doch auch in der Stadt unterwegs. Das hätten wir doch sehen müssen.“ Und sie erzählen von traumhaft schönen Masken, von einem Astrologen, flankiert von Sonne und Mond, von Musik, die aus einigen Palazzi zu hören war. „Totenköpfe unter den Masken? Da

war wohl nicht nur Alkohol in euren Gläsern. Polizei einschalten? Macht euch nicht lächerlich."
Diverse Damen und Herren in den vielen, über die Stadt verstreuten Gemälden und Freskos zwinkern sich vielsagend zu. Victoria! Und war sehr unterhaltsam! Wenn es nötig ist, machen sie das im nächsten Jahr wieder.

*von Francesco Cavalli **von Giovanni Paisiello

März – Schwäne füttern
(Berthe Morisot „Schwäne füttern" 1884)

„Julie, wir gehen heute Schwäne füttern!" sagt Marie als sie dem kleine Mädchen in den Mantel hilft, ihr die Schuhe zubindet. Das ist allerdings schwierig, die Füße wollen nicht still halten, sind schon unterwegs.
„Schwäne?" fragt Julie.
„Ja, wie Enten, aber größer und ganz weiß, mit einem schönen, langen Hals. Wie die am Ringelspiel."
Das kleine Mädchen hüpft aufgeregt auf und ab, was es schwierig macht, ihr den Hut aufzusetzen und festzubinden. „Ringelspiel, wir fahren Ringelspiel!"
„Nein mein Schatz, wir fahren in einem richtigen Boot und die Schwäne sind lebendig."
„Nein! Ringelspiel!"
Marie schmunzelt während sie ihre warme blaue Jacke zuknöpft. Sie kennt die *Neins* der kleinen Dame. *Nein* ist ein wundervolles neues Wort.

Die Köchin hat die vom Vortag übrig gebliebenen Croissants in einen Stoffsack gepackt. Ungern, sie hätte lieber einen Auflauf daraus gemacht. Dazu das, was sie vom Salat an äußeren Blättern wegputzen musste. Skandalös, sie wird dem Händler sehr deutlich sagen, was sie von seinem Salat hält. Um die Zeit ohnehin noch teuer und dann viel so welk, dass auch ein Bad im kalten Wasser nicht hilft. Sobald ihr Knöchel wieder fit ist für die Stiegen, wird sie selber einkaufen gehen und nicht liefern lassen. Na, sollen es die Schwäne haben, wenn die kleine Julie Freude dran hat.
Julie geht an der Hand ihrer Nounou, geht ohne zu hüpfen und zu ziehen. Marie hat ihr einen Chou aux crème versprochen, wenn sie brav ist. Im Bois de Boulogne finden sie ein bequemes, breites Boot mit einem Schiffer, der sie zu den Schwänen bringt, immer in Ufernähe. Der Himmel und kleine weiße Wolken spiegeln sich im Wasser, das Blau von Maries Jacke vermischend mit dem Grün der Wiesen und Sträucher. Ein milder Tag. Doch da kommen schon die Schwäne, weiß, elegant, teilen die spiegelnde Fläche, brechen sie in vielfach glitzernde Scherben, werfen den goldenen Schimmer auf Julies beiges Hütchen und ihren Mantel. Marie gibt Julie kleine Stückchen von den Croissants und zeigt ihr, wie sie sie werfen soll. Die Schwäne sind geneigt, das Futter anzunehmen, kommen etwas näher. Marie versucht es mit den Salatblättern. Aha, das ist noch besser. Jetzt kommen sie ganz nahe, zutraulich. Der größere

nimmt ein Stück Croissant sogar aus der Hand von Marie. Julie traut sich nicht; die Schwäne, viel größer als Enten, sind ihr nicht geheuer. Dazu noch die schwarze Maske bis zu den Augen - huu. Aber sie schaut mit großen Augen, fasziniert von den weißen Vögeln. Werfen ja, aber aus der Hand? „Nejiin." Das *Nein* mit einem kleinen Quietscher heißt wirklich nein. Marie wirft einen Brocken und ein Salatblatt etwas weiter weg und die Schwäne bewegen sich weg vom Boot, darauf zu. Das gefällt der kleinen Dame besser. Sie sieht ihnen aber sehnsüchtig hinterher. Einer der Schwäne hat sogar lässig ein Bein am Rücken, rudern mit einem Bein ist offenbar schnell genug. Dazu lüpft er ein wenig die Schwingen, dass es aussieht wie ein Korb oder ein Boot. Zwischen den Schwänen wimmeln auch ein paar Enten aber nicht so nahe. Sie bekommen auch ein paar Bröckchen. Marie sorgt für gerechte Verteilung, oder versucht es wenigstens. Julie wirft ohne Plan, die Augen immer auf den Schwänen. Schließlich ist das Säckchen leer und die Wasservögel schwimmen weg. Auch die Fütternden kehren an den Steg zurück. Jetzt geht es zu Chou aux crème. Versprochen ist versprochen. Marie nimmt den Deckel der Süßigkeit ab und Julie löffelt die cremige Fülle, anmutig, dazwischen knabbert sie am Deckel. Schließlich ist der Boden leer und Marie will ihn zerteilen. „Nejiin!" Sie verhandeln, dass geviertelt wird. Auch der Boden wird zierlich beknabbert. Zuletzt wischt Julie Finger und Mund mit der Serviette und legt sie mit einer Bewegung auf den

Tisch, die sie offenbar der Mama und den Tanten abgeschaut hat. Ganz Dame. Sie rutscht vom Sessel „Nach Hause!“ „Kein Ringelspiel?“ „Nein.“
Am Heimweg plaudert sie vom Boot und von den großen, weißen Vögeln. Daheim erzählt sie erst der Köchin und dann der Mama davon. Ausführlich. Mama muss sie für sie zeichnen, sie kann das, schnell auf ein Blatt geworfen. Morgen wird ein richtiges Bild daraus, farbig, versprochen; und Julie und Marie müssen auch darauf sein.
Wer weiß, vielleicht träumt Julie auch von einer Reise auf dem Rücken der Schwäne? Nicht ahnend, dass sie auch hundertvierzig Jahre später noch die Schwäne im Bois füttern wird, im Bild ihrer Mama.

April – Osterabend

Am Abend vor dem Ostertag kam Claudio an einem Kirchentor vorbei, am Platz vor San Egidio und Omóbono. Die Türe stand halb offen, man sah den weichen Kerzenschimmer in dem noch leeren Raum, wie er auf Marmorplatten und über stolze Pfeiler floss. Wie schön wob sich der Schein in das sanfte Blau des Frühlinsgabends. Da plötzlich glitt ein Orgelton, das große *a* aus der „Viola Gamba“ auf einem Lichtstrahl aus dem Tor und drehte sich gar majestätisch und seines Wohlklangs sehr bewusst, langsam, als streckte es die Arme himmelwärts, einmal um sich selbst. Strich dann mit Anmut durch die Gräberreihe des kleinen Friedhofs vor der Kirche, umspann die Steine mit dem dunklen Glanz, der ihm zu eigen. Glitt dann in sicherem Flug, der gold'ne Bahnen schrieb, durch die weiche Dämmerung hinüber zu dem kleinen Kirschbaum, der in voller Blüte stand. Er wiegte sich in den zarten Zweigen, schwang sich von Ast zu Ast, kopfüber und kopfunter und durch sein Treiben klang's, als wär' im Baum ein Bienenschwarm so spät noch unterwegs. Claudio ging ihm nach, verzaubert von dem dunklen warmen Ton, der alle anderen Geräusche untermalte: den letzten Amselschlag, das Klirren von Gläsern im benachbarten Palast, irgendwo fernes Hufgeklapper, das dünne singen einer Küchenmagd. Bezaubernd. Und doch war er besorgt. Würde der Ton nicht fehlen? Im Gewebe der klingenden Osterlitanei hässliche Löcher lassend grade zum größten Fest? Er sprach den Ton, der jetzt vergnügt auf einem Kirschenzweige wippte, höflich an, entbot ihm einen guten Abend und fragte ihn danach. Der Ton lachte ihn aus, gutmütig, freundlich, aber doch. Die Orgelpfeife blieb doch an ihrem Platz und konnte dauernd neue Töne seinesgleichen produzieren, die schwingen, sich vermengen und verklingen. Er sei eben heute hier heraus geflogen statt pfeileraufwärts, heraus in den lauen Abend, unter den freien Himmel. Ach wie schön! Er sei doch selbst ein Musikant, und sollt' es kennen, das Gefühl.

Nun ja, ein Musikant, erst im Begriff einer zu werden, Dank auch für die Anerkennung, und freilich kannte er dieses Gefühl, so unbeschreiblich, dass es nur in Klängen, in Tönen auszudrücken war.

Eben, nun wenn er ihm ein Geschäft anböte, leicht zu erfüllen: Ihn mitzunehmen, auf Dauer zu beschäftigen, doch nicht auf Dauer einzuzwängen zwischen Kirchenmauern. Er würde auch, ganz nach Belieben, hübsch leise sein oder ganz laut, ein Basso ostinato.
Wie, so wie vorhin? Ein Ton, der alle anderen unterstützt und trägt? Natürlich, ja! Willkommen tausendmal und sei gesegnet! Auf nach Mantua!

Mai – Rosenstilleben

Zeichnungen liegen verstreut auf einem Beistelltisch, zwischen Farbtuben und Pigmentdosen. Auf einem anderen Tisch ein Rosenstrauß in einem Glaskrug. Rosen von einem eigenartigen, tiefen Rosa, beinahe purpur, aber nur beinahe, heller, zarter. Darunter ein Stück Brokat, daneben ein paar Schneckenhäuser. Vor all dem eine Staffelei mit einem angefangenen Bild. Der Glaskrug ist fertig, der Stoff, die Schneckenhäuser, eine der Rosen, andere vorgezeichnet. An einer dieser Rosen arbeitet der Maler gerade. Sie scheint ihm Schwierigkeiten zu bereiten. Er trägt Farben auf, kratzt weg, trägt wieder auf, beginnt eine zweite Rose, ein Blatt. Das Blatt gelingt ihm besser. Noch eines, wieder die Rosen. Schließlich wirft er genervt die Palette und den Pinsel auf den Tisch zwischen die Farben und die Skizzen, stürmt aus dem Zimmer.
„So wird das nichts“, mault die halbfertige Rose. „Und den Pinsel einfach hinschmeißen, statt ihn sau-

ber zu machen oder wenigstens in diese stinkende Dose stecken, wie er es manchmal macht.“
„Ja, genau!“ stimmt die fertig gemalte Rose zu. „Mit mir ist er zwar fertig, aber ich bin nicht gut getroffen. Überhaupt nicht! Die Form stimmt zwar, aber die Farben, die Textur und die Lichter sind ganz und gar verfehlt.“
„Wenn er so weitermacht, welken wir bevor er fertig ist.“ Jammert eine der noch nicht begonnenen Rosen. „Er könnte wenigstens ein Fenster öffnen, der Gestank aus dieser Büchse macht mir Kopfschmerzen. Auch unser Duft kommt dagegen nicht an.“
„Wenn wir gemeinsam den Rosengeist anrufen, meint ihr er kann uns helfen?“ fragt die halbfertig gemalte Rose. „Wenigstens die Luft erfrischen?“
„Lass es uns versuchen, auch wenn ich bezweifle, dass er uns hier finden kann.“
„Aber meine Damen, liebste, schönste, wer wird denn so mutlos sein!“
„Ah, hier ist er!“ „Hier ist er!“
„Ja, hier bin ich. Erst einmal für Frischluft sorgen.“ Im Raum regt sich trotz der geschlossenen Fenster eine leise, duftende Brise. „Und nun zu euren Klagen. Das Bild ist zwar nicht euer Problem aber ich verstehe eure Sorgen. Für vielleicht nicht die Ewigkeit, aber doch ziemlich lange schlecht repräsentiert zu sein, ist ärgerlich. Lasst mich sehen, was sich da machen lässt. Hm.“ Er betrachtet das begonnene Bild, wedelt mit der Hand und die Rosen darauf verschwinden. Dann nimmt er die Palette, schüttelt den Kopf, legt sie wie-

der weg. Öffnet ein paar der Pigmentdöschen, streichelt den Rosen über die Köpfe – was diese glücklich seufzend genießen – bläst über die Hand hinweg auf das Bild, ebenso über die Pigmente, tippt ein wenig mit den Fingerspitzen auf die Leinwand. Nickt. Schließlich nimmt er eines der Schneckenhäuser, wirft einen Blick ins Innere, nickt wieder, bläst ein wenig darüber hin, gezielt auf ein paar Stellen der Leinwand. Legt das Schneckenhaus wieder an seinen Platz.

„So, meine Damen, was sagen Sie jetzt? Zufrieden?"

Die Rosen öffnen die Augen. „Oh, wie wunderbar getroffen!" „Ach, jetzt stimmen meine Farben und die samtige Oberfläche!" „Wie schön die Stellen leuchten, auf die das Licht trifft!" „Rosengeist, wie sollen wir dir danken, du hast unser Ansehen gerettet!"

„Fein, gern geschehen, dann fliege ich jetzt weiter, ich höre andere nach mir rufen! Macht es gut!" Und weg ist er. Die Rosen strahlen vor Freude noch etwas heller.

Kurz darauf hören sie den Maler zurückkommen. Er ist offenbar nicht allein. „Es ist noch nicht fertig, mein Herr. Sie bekommen noch keinen Eindruck davon." Hören sie ihn sagen. Und eine andere Stimme. „Ach das macht nichts, ich hab schon auch Fantasie." Und dann treten sie ein. „Ah, wie die Blumen duften!" ruft der Besucher. „Und Sie sagen, das Bild ist noch nicht fertig, ich bekäme keinen Eindruck! Es fehlt doch nur mehr der Hintergrund. Wie vortrefflich! Diese delika-

ten Farben, dieses Leuchten! Sie sind wirklich zu bescheiden!" Er steht vor der Staffelei, ganz hingerissen. Der Maler schaut verdutzt. So hat er das Bild nicht zurückgelassen. Aber es ist gut, wirklich gut, besser als er es könnte. Verflixt, wer war hier? Und in so kurzer Zeit? Zum Glück kann sein Auftraggeber ihn nicht sehen. Der Maler steht hinter ihm. Gewinnt seine Fassung wieder. Mühsam.
Schließlich geht der Besucher. Der Maler steckt automatisch den Pinsel in die Terpentinbüchse. Wie er ihn nur liegen lassen konnte. Und dann setzt er sich vor das Bild und schaut – und malt nie wieder Rosen.

Juni – In der Bahn

1980er Jahre, in den Waggons noch Abteile mit Schiebetüren; Fenster, die ganz heruntergelassen werden konnten; Sitze mit Kunstlederbezug in dunkelgrüngrau; Gepäckablage über den Sitzen.

Der Zug steht schon am Gleis, und ja, hier ist ihr reservierter Platz. Fenster auf! Der Waggon ist wohl schon länger in der Sonne gestanden. Sehr warm für Anfang Juni und dazu ein aufgeheiztes Abteil. Türe und Fenster am Gang öffnen für ein bisschen Durchzug. Das ist besser. Therese bleibt am Fenster stehen ohne zu schauen, nur im Luftzug, Handtasche und Buch am Sitz um sich den Eckplatz zu sichern, trotz Reservierung; sie hat leidvolle Erfahrung. Der Sitz selbst unerträglich heiß. Wann war es Anfang Juni je so heiß? An einmal kann Therese sich erinnern. Das war in der dritten Volksschulklasse. Sie hat damals

ihre Freundin gefragt, warum sie „Böme“ sagt statt „Bäume“. Danach war sie nicht mehr ihre Freundin. Tja.
Irgendwo draußen klappert Geschirr, klirren Gläser. Sind ihre beiden dabei? Die beiden aus denen sie und Harald zum Abschied getrunken haben? Vielleicht. Da, ein Scheppern und Scherbeln als wäre ein ganzes Tablett mit Geschirr und Gläsern abgestürzt. Waren ihre dabei? Auch gut. Gut auch, dass Harald seine Krümmung rechtzeitig offenbart hat. Die Verstrickungen noch nicht zu tief, leicht lösbar, wenn auch nicht schmerzlos. Aber das wird sich geben.
Der Lautsprecher am Bahnsteig quarrt etwas, unverständlich. In den benachbarten Abteilen sind Reisende zu hören, öffnende Türen, herunter schrammende Fenster, leises Stöhnen sei es über die stehende Hitze oder ein schweres Gepäckstück, Lachen.
Jetzt kommt auch in Thereses Abteil Neuzugang. Ein schmaler, drahtiger Herr mit Schnauzer und zwei Damen. Damen? Ungetüme! Groß, breit, Walküren mit Klavierbeinen und mürrischen Gesichtern. Der schmale Herr grüßt freundlich, Therese erwidert den Gruß, die Walküren starren grußlos, stumm und feindselig. Therese setzt sich um aus dem Weg zu sein, der Sitz jetzt erträglich. Der schmale Herr hievt das geringe Gepäck ins Gepäcknetz, setzt sich ins Eck bei der Türe auf ihrer Seite, die beiden Frauen ihm gegenüber. Sie beginnen irgendwelche Bekannte durchzuhecheln mit denen sie offenbar unterwegs waren. Kein gutes Haar bleibt an den Ärmsten. Wa-

rum sind sie mit ihnen zusammen, wenn sie sie nicht leiden können? Der schmale Herr begnügt sich mit *Hms* und *Sosos*, dann holt er eine Zeitung aus der Tasche. Therese hat ihr Buch aufgeschlagen, doch das gehässige Nörgeln der beiden Frauen macht es schwierig, sich auf den Text zu konzentrieren. Der Lautsprecher quarrt wieder etwas, Türen schlagen. Der Zug ruckt, setzt sich in Bewegung. Ah, eine kleine Brise weht durchs Fenster. Aus der Stadt hinaus geht es noch langsam. Danach hat sie von der Herfahrt eine Baustelle in Erinnerung. Wenn es schneller geht, wird Therese das Fenster hochziehen oder ganz schließen, aber noch genießt sie den Fahrtwind. Da steht eine der Frauen auf, stampft zum Fenster, zieht es mit einem Ruck hoch, zu. Ohne ein Wort, eine Frage ob es angenehm ist. Dreht sich um, lässt sich wieder in den Sitz fallen. Das darf nicht wahr sein. Die beiden sitzen doch im Lee, Rücken zur Fahrtrichtung, können vom bisschen Fahrtwind also nichts gespürt haben. Soll Therese etwas sagen? Nein, zu anstrengend, gegen die hörnerne Frechheit, wie Doderer das nennt, kommt ohnehin niemand an. Sie versucht sich in ihr Buch zu vertiefen.
Der Zug nimmt Fahrt auf, schwingt sich ein, rhythmisches Tack-tack, die begleitenden Telegraphenstangen gleiten gleichmäßig am Fenster vorbei, die Leitung daran schwingt auf- ab, auf-ab. Der schmale Herr ist scheint's über seiner Zeitung eingeschlafen, Kopf gegen die Scheibe gelehnt, ein wenig pendelnd. „Florian, lass uns in den Speisewagen gehen, ich ver-

durste!“ Eine der Frauen. Er rührt sich nicht. „Lass uns gehen, er wird sich schon denken, wo wir sind.“ Die Andere. Gesagt getan. Aufstehen, rrrrt Tür auf, hinausstampfen, rrrrt Tür zu. Die Schritte entfernen sich am Gang. Eine Tür klappt.
Der schmale Herr öffnet die Augen, äugt in den Gang. „Sie sind weg, Gott sei gepriesen! Schrecklich nicht?“
„Ja, ehrlich gesagt schon.“ Gibt Therese zu.
„Verstehst du jetzt, warum ich dir geraten habe zu rennen so schnell du kannst? Noch bevor du sie kennen lernst. Harald ist die ganze Mutter. Er ändert sich nicht mehr. Nicht zum Besseren meine ich. Krümmt sich höchstens noch mehr in ihre Richtung.“
„Welche von beiden?“
„Die die das Fenster geschlossen hat. Die andere ist ihre Schwester. Genauso schlimm. Aber das hast du sicher bemerkt.“
„Entschuldige, wenn ich frage, aber wie hältst du sie aus?“
„Keine Ursache. Durch ausgedehnte Abwesenheit. Sie war immer groß, sportlich und direkt. Ins Breite und Unverschämte ist sie zunehmend gewachsen. Vorbild des Vaters. Ich hab dummerweise gedacht, sie geht nach der Mutter, eine ganz Liebe. Du kennst den Spruch, dass du die Schwiegermutter kritisch ansehen sollst, wenn du heiraten willst? Ich hätte statt dessen den Vater genauer anschauen sollen. Und Scheidung? Ich hab drei wichtige Patente in dem Betrieb, den ich seit dreißig Jahren leite, mit Erfolg, aber er gehört ihr. Wenn man das auseinander dividiert, geht der Be-

trieb flöten und die Leute stehen auf der Straße. Geht also gar nicht."
„Herrje! Ich hab die Geschichte übrigens heute vor der Abfahrt beendet. Lieb von dir, dass du mich gewarnt hast, war aber nur mehr eine Bestätigung."
„Gern geschehen. Ich hätte dich mit Vergnügen als Schwiegertochter gehabt, aber ich konnte dir das nicht zumuten, ohne Warnung ins Unglück zu rennen. Harald zusammen mit seiner Mutter wäre für dich zunehmend die Hölle geworden."
„Ja, und wie. Wir beide treffen uns aber schon hin und wieder auf einen Kaffee?"
„Klar, mit Vergnügen! Psst, sie kommen zurück."
Er versinkt wieder in seinen Scheinschlaf, Therese in ihr Buch. In einer halben Stunde werden die drei aussteigen. Tun sie auch – aber ein Gepäckstück bleibt in der Ablage. Der schmale Herr stürzt im letzten Augenblick zurück um es zu holen – der Zug fährt an. Er ruft aus dem Fenster, dass die Damen nach Hause fahren sollen, er kommt mit dem nächsten Zug zurück. Dann lässt er sich in den Sitz fallen und er und Therese lachen bis sie sich die Tränen aus den Augen wischen und Seitenstechen haben. Ein Paar mittleren Alters, das zugestiegen ist, steht auf und sucht sich ein anderes Abteil. Mit zwei Verrückten sitzen sie nicht gern im selben Kupee.

Juli – Spielhaus

Ferien! Und es geht für zwei Wochen aufs Land. Onkel Ludwig, von dem Tante Hilde sagt „Er hat so einen schönen Bass!“ hat uns eingeladen. Das mit dem Bass sagt mir noch gar nichts. Aber er hat einen großen Bauernhof und zwei Kinder, ein Mädchen in meinem Alter und einen älteren Buben. Auf Sigrid freue ich mich aber Max? Na, er wird sich eh nicht um uns kümmern. Hoffentlich.

Das Haus ist schon einmal eine Überraschung. Die ein Hälfte ist verputzt und ein Gasthaus, die andere Hälfte ist aus Holz mit einem umlaufenden Balkon. Kurz vor dieser Trennung ist eine Mauer mit einem großen Tor, dahinter ein Hof um den Scheune und Stall angeordnet sind. Mitten drin ein mächtiger Nussbaum mit einer Bank um den Stamm. Ein breiter Schotterweg führt hinten hinaus auf die Felder. Tante Lore begrüßt uns und wir sollen gleich zu Tisch kommen. Sigrid ist lieb, hat ganz lange dicke Zöpfe und viele Sommersprossen. Sie zeigt uns unser Zimmer – es geht auf den Balkon, wie schön!

Bei Tisch merke ich, dass es auch eine neue Sprache zu lernen gibt, die aber auch deutsch sein will. „Da Lota kimp glei“, meint den Buben, den Maxl. Na von mir aus hätte er wegbleiben können. Er macht vor meiner Großmutter zwar brav einen Diener, aber uns Mädel schaut er an, dass man merkt er findet Mädchen blöd. Die Tante fragt: „A gefolt eich des Ziima?“ Alle Fragen beginnen mit „a“. Und es gibt Strankalen – dicke Fisolen mir rosa-braunen Bohnen drin - in Butter und Brösel. Köstlich! Den faschierten Braten brauch ich nicht. Und nachher eine „Nussbotizn“, ein

Nussstrudel mit einer dicken Schicht Nussfülle, noch warm.
Nach dem Essen zeigt mir Sigrid alles: diverse Ein- und Ausgänge, Hof, Ställe, Scheune. „Jo,jo, lafts nur!“ hat die Tante gesagt. Großmutter bleibt bei ihr in der Küche. Die große Scheune ist fast leer. Nur Heu auf einer Seite, das Stroh ist noch auf den Feldern. Im Stall gibt es Kälber „Tschugile“, auf einer eingezäunten Wiese hinter dem Hof, dort wo der Weg hinaus führt, gibt es Hühner zusammen mit „Gaaßalan“, Ziegen. Dort steht auch etwas, das „Tirknkota“ heißt. Eine Art Hütte aus Holzgitter auf hohen Füßen, ein weitausragendes Dach. Ach, der Kukuruz wird hier aufgehängt! Zum Trocknen und sicher vor Ungeziefer. Jetzt ist er leer, wartet auf die neue Ernte. Ich bin Feuer und Flamme für Sigrids Vorschlag, hier ein Spielhaus einzurichten. Ein Reisigbesen findet sich, mit dem wir den Boden auskehren, ein paar feste Kisten für Tisch, Bänke und ein Regal, alte Decken, „Kotzen“ sagt Sigrid, die wir auf die Bänke legen. Jetzt betteln wir Tante Lore um Tischtuch und Geschirr an. Sie lacht „Imma no des söölbe!“ und gibt uns ein altes „Gschirrhangele“ als Tischtuch, Blechhäferl und zwei alte Teller, ein Marmeladenglas als Vase, eine Holzschale. Wir ziehen hoch zufrieden ab. Die „Tischdecke“ kommt auf den Tisch, aber das „Geschirr“ noch ins „Regal“. Dann machen wir uns auf um einen Wiesenblumenstrauß für die Vase zu pflücken. Nur vom Rand, ja nicht durch die Wiese laufen, das ist Futter für die Kühe. Den Weg entlang bis zum Wald-

rand. Da gibt es auch Himbeeren. Sigrid zeigt mir, wie man ein Huflattichblatt, eine „Plotschn", zum Stanitzl dreht, in das man die Beeren sammeln kann. Essen werden wir sie in unserem Spielhaus.

Doch ohweh, als wir zurückkommen, ist alles durcheinander geworfen. Sigrid schreit los: „Da Maxl, der Bosnigl, der deppate Dost! Mir fretten uns ab und er mocht olas hin und dann tuat er apaschen. Aber dos hintazahl i eahm!" Wir räumen auf, zerbrochen ist zum Glück nichts, stellen die Blumen ins Wasser. Sigrid hat vorsorglich einen Kübel hinter den Kota gestellt, von dem wir die Vase füllen. Dann genießen wir unsere Himbeeren, aber Sigrid brütet düster vor sich hin, erzählt von ihrem Dauerkonflikt mit dem Bruder. „A konnst du nahn?" fragt sie mich schließlich. Freilich, der Handarbeitslehrerin zum Trotz, von Oma abgeschaut und unterwiesen kann ich mit Nadel und Faden umgehen. „Mir nahn eahm seine Ärmel zua und den Schlofanzug aa. Anfoch nua zua-heftn, nix vernahn. Erst müaß ma oba den Kota absperrn. Woat a wengale." Sie verschwindet in einer Kammer zwischen Kuh- und Hühnerstall. Kommt bald darauf mit einem Gitter und weichem Draht zurück. Das Gitter kommt vor den Eingang, wird mit Draht festgebunden. „So, jetzt kann er nimma so leicht eine, der Pülcha. Wonn er an Dreck einehaut, dann kriagt as von da Mama." Dann geht es auf zur Aktion Hemdärmel. Wir schleichen mit Nadel und Faden ausgerüstet in Maxls Zimmer. Sigrid schläft noch bei den Eltern. Zu zweit ist das Nähen schnell erledigt, ein

paar Rückstiche schaden auch nicht. Man muss es dem schlimmen Buben nicht allzu leicht machen.
Oma und Tante wollen unser Spielhaus sehen, wundern sich über das Gitter. Damit die Geißen nicht hineinkönnen. War alles durcheinander geworfen, wie wir mit den Blumen zurückgekommen sind. Sigrid ist ganz Unschuld. „Soso, die Gaaßalen.“ meint Tante Lore. Aber unser kleiner Haushalt gefällt ihr.
Wieso Sigrid nichts gesagt hat, will ich später wissen. Na „gankalen“, vertratschen, geht gar nicht. Die Mama kann sich schon denken, was los war, die Geißen sind schließlich angebunden.
Am Abend –es ist noch hell - kommen ein paar Nachbarn. Sie setzen sich zu uns unter den Nussbaum, noch ein paar Sessel aus der Küche. Und dann beginnen die Männer zu singen, auch in einer neuen Sprache, die wirklich nicht Deutsch ist. Windisch, erklärt Sigrid später, hier, nah der Grenze, verstünden das alle. Aber ich verstehe, was das heißt „ein schöner Bass“: Brustig, voll, wie ich es später nur noch von den ganz Großen auf der Opernbühne gehört habe, gibt er dem „Viergesang“ Fülle und Stütze. Schöne Lieder, die sich in den Baum schwingen, die Amseln vorübergehend zum Schweigen bringen.
Bald darauf kommt auch „da Lota“, ziemlich dreckig und verschwitzt, und wird ins Haus geschickt um sich zu waschen und was Sauberes anzuziehen. Nicht lang, und wir hören ihn schreien und fluchen, das Fenster ist offen. Tante Lore geht nachschauen, was los ist – und wir hören sie lachen. Wenn die Geißen ein Spiel-

haus verwüsten, nähen die Mäuse die Ärmel zu, und wehe, wenn Max beim Auftrennen ein Loch schneidet!

August - Sommertagstraum

Sommermittag, die heißeste Stunde, drückend, kein Lüftchen regt sich, nur hoch oben ziehen Wolken auf wie weiße Watte und zerstreuen sich wieder. Wann endlich kommt das versprochene Gewitter? Da sitzt, lümmelt einer am Teich halb verborgen zwischen Springkraut und Blutweiderich, auf den Ellbogen gelehnt, halb dösend, halb träumend. Er könnte auch auf einer Waldwiese liegen, auf einem Felsen sitzen oder auf einem Ast schaukeln. Aber er sitzt eben jetzt am Teich, baumelt mit seinem Ziegenhuf im Wasser. Nicht der Kühle wegen, nur so, weil die kleinen Wellen so hübsch glitzern. Eine Libelle saust auf sein Gesicht zu und hält kurz davor, in der Luft schwirrend, starrt ihm in die Augen und zischt böse „Muss das sein? Meine Kinder haben es schwer genug: ein Rohr oder einen geeigneten Halm finden, hochklettern, trocknen, die Kapsel aufbrechen, herauskriechen und die Flügel aufpumpen. Da musst du sie nicht auch noch behindern mit deinem Geplantsch. Die Flügel müssen vor der Nacht trocknen, damit sie noch ein paar Fliegen erjagen können."

„Entschuldige. Ich helfe ihnen gleich." Tatsächlich, auf seinen Wink schießen ein paar Schilfhalme aus dem Wasser, er kniet und beugt sich etwas vor, ganz sanft gleiten seine Finger ins Wasser und schieben ein, zwei, vier Libellenlarven zu den neuen Halmen, an denen sie sofort hochklettern.

„Zufrieden?“

„Danke!“ Schnappt sich eine unvorsichtige Fliege.

Pan lehnt sich wieder zurück, blickt in das ovale Stück Himmel, das die um den Teich stehenden Bäume frei lassen. Warum lässt der Earl von Oxenford sein wunderbares Stück in der Nacht spielen? Da sieht man doch nichts; im Wald nicht einmal bei Vollmond. Menschen zumindest. Wahrscheinlich als Sinnbild für die allgegenwärtige Heuchelei. Was bei Tag nicht sein darf, ist bei Nacht möglich. Abends rennen alle zu den Stücken, die der Earl schreibt, auch die Königin und ihr Hofstaat, aber sagen, dass er sie geschrieben hat, seinen Namen darunter setzen, darf er nicht. Obwohl alle es wissen. Da muss er einen theaternärrischen Getreidehändler aus der Provinz vorschieben. Als ob der im Stande wäre, sich solche Handlungen auszudenken, geschweige denn die Verse. Ein Kerl, der kein einziges Buch besitzt! Pan ist ein großer Liebhaber des Theaters, von allem, das theatralisch ist, gespielt, getanzt oder gesungen. Dieser Puck ist ihm sehr sympathisch. Muss einer von „kleinen Volk“ sein oder ein Sohn von Hermes? Würde dem ähnlich sehen, ganz der Papa in Liebesdingen. Warum auch nicht? Wäre dann sein Halbbruder. Ach was, ist nur gut erfunden. Tau von den Bermudas zu holen, in einer Nacht, da braucht es schon mächtige Flügel. Oder er reitet auf einem Lichtstrahl, dann geht sich das aus hin und zurück.

Wer kommt da? Er spitzt die Ohren. Ein Menschenpaar? Hier? Ach ja, die sind überall. Er schwingt sich auf den Ast eines Baumes, lehnt sich an den Stamm. Vielleicht gibt es ja Theater, wenigstens ungefähr.

- Wo rennst du denn hin?
- Na, den Weg entlang.
- Hier ist kein Weg.
- Ach, und was ist das, auf dem du stehst?
- Bestenfalls ein Wildwechsel.
- Das ist ein Forstweg.
- Ha!
- Hier bin ich als Kind oft gegangen.

-Seither hat sich aber einiges verändert. Bäume wachsen oder werden gefällt, Wege wachsen zu.

-So viel auch wieder nicht.

- Wo willst du überhaupt hin?
- Hier gibt es einen Teich.
- Und was sollen wir dort? Gelsen zählen?
- Er ist einfach schön. Aber dafür hast du keinen Sinn. Geh zurück und lass mich allein weiter gehen. Ich hab dich ja nicht gebeten mitzukommen.
- Aha, ich hab also keinen Sinn für Ästhetik? Und einen Weg einschlagen heißt nicht mich zum Mitgehen auffordern?
- Nein und Nein. Du hast einen Geschmack wie eine Kuh, nur was konsumierbar ist gefällt dir, langweilst dich in Museen. Und seit wann bist du mit mir zusammengewachsen? Gehst ja sonst auch deine eigenen Wege. In jeder Hinsicht.
- Das reicht! Gib mir den Autoschlüssel.

- Kommt nicht in Frage. Du kannst warten oder den Bus nehmen. Vielleicht nimmt dich der Typ vom Nebentisch ja mit. Spar dir Proteste, ich hab deine Blicke gesehen.
- Ach rutsch mir den Buckel runter. Und warte heute Abend nicht auf mich.
Drama! Das gefällt Pan. Was kommt jetzt? Verirren kann die Frau sich nicht. Aber er wüsste gern, ob sie sich tatsächlich mit dem „Typ vom Nebentisch" zusammen tut. Er streckt die Hand aus, schnalzt mit der Zunge. Eine Elster landet auf seiner Hand, sieht ihn fragend an. Er ruckt mit dem Kopf in Richtung der Frau. Die Elster wippt zwei Mal und fliegt ab, hat verstanden. Sie wird ihm berichten, mit allen Details.
Der Mann stapft weiter. Pan kann ihn hören. Der alte Weg ist ziemlich verwachsen, dafür hat er gesorgt; ah, jetzt sieht er ihn. Am Teichufer bleibt er stehen, sein Gesicht entspannt sich, er breitet die Arme aus. Hinter dir ist ein Baumstamm, Bursche, da kannst du dich setzen. Ja, sehr gut. Was macht er jetzt? Er zeichnet! Gut, das macht keinen Krach. So jemand braucht wirklich eine andere Frau als die mit der schrillen Stimme von vorhin. Er wird dem Zeichner etwas vorspielen, damit das Bild noch schöner wird. Ein hübsches kleines Lied auf der Syrinx, steigend und fallend, süß und schmeichelnd. Eine Amsel macht den Kontrapunkt dazu, Herr Nachtigall die Verzierungen.
Es kommt schon wieder jemand, diesmal von der anderen Seite, wo der alte Forstweg weitergeht. Besser gesagt ginge, wenn Pan nicht auch dort für ein

bisschen Bewuchs gesorgt hätte. Was ist das heute hier? Boulevard? Promenade? Oh, nur eine einzelne Frau. Pan kann sie jetzt sehen, sie ist auf der anderen Seite des Teichs. Sieht sich um und nimmt einen Fotoapparat aus der Tasche. Sucht einen guten Blickpunkt. Ja, der große Baum spiegelt sich wunderbar auf der Wasserfläche, zusammen mit den paar Wolkenflöckchen. Mädchen, geh ein bisschen weiter, da gibt's noch einen besseren Blick – und einen Zeichner. Hat ihn schon.

- Oh, Entschuldigung!

Was für eine melodische Stimme!

- Keine Ursache. Sie fotografieren?

- Ja, berufsmäßig und aus Passion. Sie zeichnen?

-Ja. Als Hobby. Als Beruf rede und schreibe ich gescheit über Kunst.

Da schau her, Herr von Oxenford, es funktioniert auch am helllichten Tag und ganz ohne Puck. Aber es stimmt schon, Ihre Geschichte ist trickreicher und lustiger. - Hier ist Frau Elster zurück, lass hören, mein Vögelchen. Sie hat sich tatsächlich den Burschen aufgegabelt? Den Zeichner tränenreich verleumdet? Hat sich trösten lassen und ist in seinem Auto mit ihm weggefahren? Ha, das ist gut. Und du hast dir vom Nebentisch einen Rest von weichem Ei und einen Löffel stibitzt? Und es hat kein Geschrei gegeben, die Leute haben gelacht? Was für ein Spaß! So und jetzt lass mich ein paar Wolken zusammenpfeifen, damit es kühler wird. Das Gewitter kommt später, nachts, wenn die Libellen geschlüpft sind und sich satt geges-

sen haben. Wir wollen die beiden da vorne zusammen treiben.
- Oh, es zieht Gewitter auf. Da muss ich mich beeilen.
- Wohin wollen oder müssen Sie denn?
- Zum Autobus beim Wallgraben.
- Das ist weit. Kommen Sie mit zum Rasthaus Katharinenhöhe. Das ist näher. Der Autobus hält dort – aber mein Auto steht auch da und ich bringe Sie gerne in die Stadt.
Sehr gut, also lauft schon, Pan will den Teich wieder für sich allein.
Er will sich grade wieder ans Teichufer legen da hört er Stimmen. Schon wieder Menschen! Wo sind die denn heute alle losgelassen? Es ist doch ein Wochentag!
- *...wenn ich dann beim lebhaften Ausverkauf alter Geschichten sagen könnt: Oh ich war auch einmal ein verfluchter Kerl! ein Teuxelsmensch – ein Schwerack – ich muss, muss -*
- Aufhören musst du so zu outrieren und zu schreien. Das ist Schmiere. Ich würd sagen Provinz, wenn es die Provinz nicht beleidigen tät.
- Du sollst nicht Regie führen sondern Stichworte geben und weiterhelfen, wenn ich stecken bleibe.
- Mach ich gern, aber ich muss es aushalten. Das, was du von dir gibst, ist nicht zum Aushalten.
- Soll ich tonlos leiern?
- Du fällst von einem Extrem ins andere. Ausdruck liegt nicht in der Lautstärke.
- Darf ich jetzt weitermachen?

- Wenn du es in Zimmerlautstärke schaffst, gern.
Jetzt tummeln sich hier auch noch die Laienschauspieler! Großpapa Zeus hilf! Aber Pan weiß, dafür ist er nicht zuständig, das delegiert er an seinen musenführenden Sohn und der ist zu blasiert um sich mit Laien abzugeben. Oder zu beschäftigt. Er ist leicht beleidigt. Du willst helfen Elster? Zusammen mit deiner Schwester die beiden niederschackern? Großartige Idee, lasst hören! Ha, sie folgen ihnen von Ast zu Ast und machen gehörig Krach. Sie selbst nennen das „Ritornell singen“:

Elender, eitler Geck,
du glaubst du bist ein Mime
doch unter uns– bist nur ein Spatzendreck!

Oh, oh, gut, dass er das nicht versteht, der Laiendarsteller. Hört nur Uracka, rackrack. Pan lacht hellauf, fällt fast von seinem Ast. Ist wieder gut gelaunt. Es folgen noch ein paar solcher wenig schmeichelhafter Stanzen.

Der Bühne bist verschworen -
doch pass auf bei dem Geschrei,
so laut und rau - wachsen dir Eselsohren!

Die beiden Menschen machen, dass sie weiterkommen. Die verflixten Vögel, man versteht ja sein eigenes Wort nicht.
Endlich wieder Ruhe. Es ist schwül, ein paar Sonnenstrahlen tanzen zwischen den Wolken, aber im hohen, weichen Gras ist gut liegen. Mit der Syrinx einen Bannkreis spielen. Hätte er doch gleich tun sollen.

September - Elsterntratsch
Zu den Très riches Heures des Duc de Berry

Springkraut blüht und duftet die Loire entlang, sich mit jedem Windhauch in Wolken verbreitend, zwischen die Grauerlen und Weiden am Ufer. Der alte Efeu, der sich an einer Weide hochrankt, hat auch diese anderen Zeiten, er blüht jetzt, justament, und es summt und brummt um die unscheinbaren Blüten. In einer Bucht baden und grundeln Enten. Eine Elster flattert in Wellen von einem Baum zum nächsten, setzt sich dann hoch oben in eine Pappel am Uferrand.
„He, ihr da unten, schon gehört? Dem Savoyer ist ein Pferd durchgegangen. Ab durch die Mitte und über die Brücke nach draußen. Hätte fast die Eierfrau niedergerannt."
„Tatsächlich? Hat es ihn wenigstens vorher abgeworfen?" Die Enten sind Klatsch und Tratsch nicht abgeneigt.
„Hab ich leider nicht gesehen, ich war über den Weingärten, die Lese überwachen, ob alles richtig geht und die Tölpel nicht alle Mauselöcher zutreten. Aber ich hab ihn brüllen gehört. - Vor Wut."
„Oh, schade, ich hab gehofft vor Schmerz, der langnasige, gemeine Kerl! Hat zwei meiner Cousins abgeschossen. Außerhalb der Jagdsaison, nur so, aus Jux. Gefressen hat sie später der Fuchs."

„Ja, der alte Berry war schon schlimm. Ihn und leider auch die drei Malerbrüder hat wenigstens die Pest geholt, wie wir es ihm gewünscht haben, aber der Junge ist kaum besser. Der hat jetzt einen neuen Maler. Der ist ganz schön keck, aber der junge Trottel merkt es nicht. Ich hab mich aufs Fensterbrett gesetzt und ihm zugesehen. Dem Maler nämlich."
„Was kann denn ein Maler ihm tun?"
„Er kann in sein Buch einen Bauern malen, der ihm den nackten Hintern zeigt, oder fast nackt, in Unterhosen bückt er sich ganz tief."
„Ha, ha ha, hehe! Und der Savoyer versteht das nicht?"
„Nein! Er hat sogar gelobt, wie naturalistisch er alles malt!"
Die Elster und die Enten wollen sich ausschütten vor Lachen.
„Noch dazu," setzt die Elster fort „ hat der dem Bauern weiße Unterhosen und azurblaue Strümpfe gemalt, die Farben der Valois! Als ob Bauern blaue Strümpfe hätten! Von weißen Unterhosen nicht zu reden. Aber sehr naturalistisch."
„Na, da hat er seinen Meister gefunden! Obwohl, die Farben der Valois können ihm ja egal sein."
„Und noch etwas. Der Savoyer hat doch die Heiligenfigur vom Wegrand in seine Kapelle schaffen lassen. Und der Maitre Colombe, so heißt der Neue nämlich, hat prompt nicht nur die leere Säule ins Bild gemalt, sondern auch die heilige Katharina, die dort gestanden ist – allerdings als Figur zwischen die Bauern. In

Blau, Weiß und Rot gekleidet, richtet sich gerade ihren Turban. Famos was?“

„Und wie! Das heißt, auch wenn der Savoyer die Figur der Nothelferin stiehlt, ist sie doch bei ihren Leuten! Der Kerl hat Mut!“

„Ja, doch, auch wenn der Savoyer so dumm ist wie seine Nase lang. Aber ich muss sagen, schön ist das Bild schon. Besonders den Himmel hat er ausgezeichnet getroffen.“

„Obwohl die Menschen mit ihren armen Augen nicht so viel Licht sehen wie wir?“

„Ja, vielleicht hat er Vogelaugen. Er hat ein Bild von mir gezeichnet, mit den richtigen blauen und grünen Schimmerfedern, nicht nur schwarz, wie die meisten das tun. - Achtung, der Fischadler! Weg, weg, weg!“

Die Elster hüpft ein paar Äste tiefer, zwischen die Blätter, weiter Warnrufe ausstoßend, die Enten rudern rasch unter die Trauerweide, die ihre Zweige weit hinaus ins Wasser hängt. Schluss mit Tratsch.

Oktober - Palermo

Die Tage werden kürzer, die Sonne steht schräger. Der kluge Mensch fährt jetzt in den Süden. Das Licht ist voll Gold, Sonne und Luft sind dort noch warm. Die Touristenscharen sind heimgekehrt, der reisende Mensch kann wieder Gast sein und dem Sommer ein paar Tage anfügen. Palermo ist dafür ein idealer Ort. Alleen von dickfüßigen Chorisias und Dattelpalmen, sogar mit kleinen Früchten, in Gärten dazwischen Granatapfelbäume, manche Früchte von den Wespen ausgehöhlt, und Kakteen mit leuchtend roten Feigen; Kirchen mit betörenden Mosaiken, Paläste und Museen, Orlando kämpft im Puppentheater immer aufs Neue gegen die Sarazenen und erringt Beltame. Friedrich II ist immer noch „il nostro Fedri“ und bekommt Blumen an seinen Sarkophag im Dom. Auch wenn man sagt, er wacht im Turm der Favara und blickt „mit den Augen der Liebe“ auf sein Palermo. Auf den Märkten gibt es riesige, runde Melanzani, die „Tunisi“ heißen und dünne Zucchini, die sich winden wie Schlangen. Zwischen roten Kuppeln und Normannenburg ist gut sitzen und dem riesigen Philodendron zusehen, der genüsslich seine Triebe in ein Wasserbecken hängen lässt, den Möwen, der Zeit in Form von wandernden Schatten in einem Kreuzgang.

Durch die Kalsa, das Viertel wo die Straßennamen auch in arabischer und hebräischer Schrift angegeben werden, zum Museo Regionale im Palazzo Abatellis. Aber was am Stadtplan so einfach aussieht, ist in der Realität verwinkelt und verwirrend. Während ich suchend zwischen Stadtplan und Straßennamen umherblicke, spricht mich ein Bürschchen auf Englisch an, elf oder zwölf Jahre alt. „Darf ich der Signora helfen? Unser Lehrer sagt wir sollen üben. Ich darf mich vorstellen: Fabrizi Giovanni.“ Wer könnte dem widerstehen? Zumal wenn es mit einem offenen, unwiderstehlichen Lächeln vorgebracht wird. Englische Höflichkeitswendungen selbstverständlich vermischt mit der sizilianischen Art, den Familiennamen voranzustellen. Das Museum ist nicht weit, nur hier gerade und dann rechts und wieder links – aber vielleicht soll er mich führen? Er macht das gerne. Wir machen uns also auf den Weg. Mein kleiner Führer auf einem Tretroller – ja, treten, nicht elektrisch – gibt sich Mühe sich meinem Tempo anzupassen. Das ist nicht langsam, aber doch nicht so schnell, wie er mit seinem Roller flitzen könnte. Dabei plaudert er und fragt manchmal nach einem Wort, das er dann zum Einprägen wiederholt. Er wohnt weit draußen, geht aber hier im Zentrum in die Schule, ins Gymnasium. Weil sein Vater in der Via Alloro in einem der renovierten Palazzi Portier ist, kann er morgens und abends mit ihm fahren und in der Portiersloge seine Aufgaben machen. Die Via Alloro war lange Zeit sehr zerstört, aber jetzt sind die Ruinen eine nach der anderen wieder so aufgebaut worden, wie sie waren. Aber nur außen, innen sind sie ganz modern. Woher ich komme? Ah, Wien, Kommissario Rex! - Den gibt's hier also auch, verzögert, übersetzt. - Eine schöne Stadt! Da will er einmal hin, wenn er groß ist. – Ja, aber Palermo ist doch auch sehr schön. Doch alles, was man ‚immer schon' kennt, fällt einem nicht mehr auf. War er schon einmal in dem Museum, zu dem er mich führt? Nein, die Mamma sagt, dafür ist er noch zu jung, man muss mehr wissen, damit es nicht langweilig ist. Aber mit der Schule werden sie heuer hingehen, er freut sich schon darauf. Im Archäologischen Museum war er aber schon. Das ist interessant. Ob ich die Zwergelefanten und die Höhlenzeichnungen gesehen habe? Ja, habe ich. Und die Löwenköpfe, die

die Zunge herausstrecken? Da fehlen wieder ein paar Worte - Ja, die Wasserspeier, ohne Wasser sehen sie lustig aus. Aber da sind wir schon, hier das große, schöne Portal! Er weigert sich, Trinkgeld für die Führung anzunehmen, er hat ja so viele Wörter gelernt. Er verabschiedet sich höflich, wünscht gute Unterhaltung und saust davon.
Im Museum erwartet mich eine Überraschung: ein Knabenkopf von Domenico Gagini, mehrfarbiger Marmor, aus dem fünfzehnten Jahrhundert, ist das Ebenbild meines kleinen Führers. Der lebendige Giovanni lächelt breiter und seine Augen sind nicht gesenkt sondern weit offen, die Haare nicht so ordentlich frisiert, eigentlich überhaupt nicht, aber genauso lockig. Manche Gene scheinen ziemlich hartnäckig zu sein.
Im Museumsshop gibt es nicht nur einen Führer sondern auch eine Karte mit dem Knabenkopf. Als ich die Via Alloro entlang gehe, treffe ich Giovanni, wie gehofft, wieder auf seinem Roller. Ich halte ihn an und gebe ihm die Karte. Er staunt. „Aber das bin doch ich!" Wohnt seine Familie schon lange in der Gegend? Ja, schon, die Großeltern haben einen Bauernhof bei Aquino und die Urgroßeltern haben auch schon dort gewohnt, länger weiß er nicht. - Ja, solche Dinge gibt es, Vererbung nennt man das Heredity, eredità. –Heißt das, der Bub war einer seiner Vorfahren? – Leicht möglich. – Beh! Das muss er den Eltern zeigen. Und wenn er mit der Schule hingeht, wird er sich genauso frisieren. Das wird ein Spaß! Danke,

danke! – und weg ist er auf seinem Roller, in die Einfahrt des übernächsten, von mir aus vorvorigen, Palazzos. „Papa, Papa, schau!“

November –Rimini

Grau, Ocker und Ziegelrot.
In den Wolken tun sich Lichttore auf. Die alte Bibliothek, Raumfluchten, geschnitztes Holz, poliert, bemalt, Bücher einheitlich in Leder und Goldschnitt, flüstern überm Knistern des Parketts, hinweg über Lesepulte und Globen, Geschichten von kleinen Ganoven und großen Städten, von Legenden und Träumen aller Art, und immer wieder von der Frau: Heilige, Hure, Opfer, Heldin, Göttin, der einen, großen, Mamma, Mater Matuta. Sie sind zufrieden, denn sie wurden gehört und erzählt, immer wieder und wieder.
Schlagobersweiß vor Grau und Ocker und Ziegelrot:
Grandhotel im Winterschlaf, umfasst von Schmiedeeisen und Garten. Seine Geschichten nur Randnotiz, zur Unterhaltung der Rösser im Brunnen. Was haben sie nicht schon alles gehört, gesehen und vergessen. Wo ist das Wasser vom vorigen Jahr?
Marmorweiß vor Ocker und Ziegelrot:
Der Brunnen in vollendeter Geometrie. Keine Pferde, keine Figuren, nur Platten und Säulen, die drei Ebenen gerade zwei Menschen hoch, beherrscht er die Piazza sanft ohne Fanfaren und große Gesten. Fünfzehn kurze Bronzerohre spenden Wasser, dreißig Felder, dreißig Säulen, fünf Mal anders. Darüber

thront der Pinienkonus. Der Brunnen merkt sich alles und plaudert nichts aus. Nur dieses: Leonardo hat mich gelobt.
Rasten vor Grau, Ocker und Ziegelrot, im Sonnenfenster zwischen Wolken, die Farben eintrinkend, eins mit sich und der Zeit, dem Jetzt, dem Hier.
Ocker in vielen Schattierungen, grau und ziegelrot:
Das Haus des Arztes, das keines mehr ist, mitten am Platz, nur mehr die Böden mit Muster und Bild, Mosaik um Mosaik, und die medizinischen Instrumente, noch heute die gleichen. Rings herum bedrängt vom Kloster und von alten Amtsgebäuden, beschützt, beschirmt, beschattet von Orangen, grün, ocker und ziegelrot.
Heller Ocker hinter Ziegelrot, darüber das dunkle Holz der Dachkonstruktion: Der alte Fischmarkt, leicht abwärts strömend, polierter Marmor für Boden und beiderseits lang hinlaufende Ladenbank, Rinnen darunter, ein paar Kübel Wasser und alles ist sauber. Und doch nur mehr Augenschmaus, Blickfang, Passage, sporadisch genutzt für Blumen oder Bankette, die Fische an den Stadtrand verbannt.
Am Strand, der endlich wieder den Spaziergängern gehört und den Hunden, öffnen sich Blick und Wolkentore, von Lichtfingern berührt schmilzt Ocker zu Gold und wird grau zu blaugrün und Silber.

Landeinwärts, am Hügel, über der kleinen Stadt am Meer, an San Ercole vorbei, die ältere, rauere Siedlung. Lang vor der Zeit beschäftigt mit Pferden und

Schafen und allem was dazu gehört: Wirtel, Webstuhl und Trense. Aus dem Meer kommt nur der Bernstein, weit her über Land, erhandelt - womit? Als Schmuck stolz getragen zum glänzenden Kleid.

Dezember – Der Fuchs

Der Fuchs liegt warm eingerollt zwischen Farn und Rainfarn im ausgedehnten, alten Bau. Die Familie hat er in einen anderen Gang gescheucht. Wenn er sie heiser anbellt, wissen sie, dass er allein sein will. Der Dachs ist auch lieber für sich und lässt sich nicht blicken. Der Fuchs grübelt und räsoniert vor sich hin. Draußen sind die Menschen unterwegs mit ihren Knallstöcken. Verdammte Bagage. Besser nicht aus dem Bau, erst nachts, und dann die starken Lichter meiden. Hat er auch seinen Nachkommen beigebracht. Daneben, im Dunkeln ist gut schleichen, denn die Zweibeiner sehen neben dem Licht nichts. Sind überhaupt ziemlich dumpf, zumindest die, die mit den Knallstöcken in den Holzkisten sitzen und auf Beute warten. Der Marder, der sonst nicht sein Freund ist, hat sich neulich von hinten an den großen Wagen von so einem Ansitzer geschlichen und die Kabel durchgebissen. Das war ein Spaß, wie der Kerl später wegfahren wollte. Hat aufgeregt in einen von den flachen Kästen geschrien und so ein großer Feldwagen ist gekommen und musste ihn wegziehen. Die Elstern, die das am nächsten Tag erfahren haben, haben es natürlich weitergetratscht. Was haben wir gelacht.

Aber die Knallerei im Winter, wo Fressen ohnehin knapp ist! Warum jagen die Zweibeiner eigentlich? Sie haben doch Hühner und Hasen und Schweine und Kühe in ihren Ställen, die Beute brauchen sie nicht, also wozu?
Na ja, sie sind schon auch brauchbar, am Siedlungsrand ist gut jagen, Mäuse und Wühlmäuse liebe die lockere Erde in den Gartenbeeten; hinter dem Wirtshaus und bei ein paar offenen Komposthaufen gibt es auch einiges Essbares zu finden. Wenn sie mit ihren großen Feldwägen die Erde umbrechen, lässt sich leicht nach Regenwürmern graben. Aber sonst?
Der Fuchs hebt irritiert den Kopf. Es zieht sich ein Geruchsfaden von einem der Eingänge zu ihm. Der Geruch eines Zweibeiners, der nach dem Zeug stinkt, das manche in sich hineinschütten und das ein Fuchs nie anrühren würde, pfui Stinktier! Er schleicht vorsichtig zu diesem Ausgang und wittert und schaut. Ja, tatsächlich, da hat sich einer unter den Baum gesetzt und an den Stamm gelehnt. Er brabbelt etwas vor sich hin, lebt also noch. Aber wenn er die Nacht über hier bleibt, lebt er morgen nicht mehr. Die Winter sind zwar nicht mehr so kalt wie früher, aber doch kalt genug, dass so ein fellloses Geschöpf erfriert. Der Fuchs will kein Menschenaas vor seinem Bau. Was soll er tun? Er kann den Kerl weder wegzerren noch mit Blättern zuscharren. Die hat der Wind auf die andere Seite des Wegs geblasen, der sich um den Mugel zieht, in dem sein Bau ist. Er muss die Kerle mit den Knallstöcken herlocken. Das ist zwar riskant,

aber er ist gewitzt. Es beginnt zu dämmern, also schnell.
Der Fuchs nimmt den Weg durch seinen Bau, kommt auf der anderen Seite heraus, lugt durch das Gesträuch. Ja, da vorne sind zwei, die ihn sehen könnten, die anderen sind zu weit weg. Er schleicht also etwas weg vom Bau, hin zum Weg, zeigt sich am Feldrand, verschwindet gleich wieder hinter den Sträuchern, trippelt etwas zur Seite, außer Schusslinie, falls es knallt. Einer der Menschen reißt tatsächlich den Knallstock hoch und will schießen, aber der andere fällt ihm in den Arm, drückt das Gewehr herunter.
„Bist deppat! Net ins Blinde schiaßen, es kunnten a poar Schwammerlklauber hinter de Gstauden sein. A wommas net treffen hamman Scherbn auf. Mir miaßen zuwe, bis ma wos segn."
Der Fuchs hat das zwar gehört, aber nicht verstanden. Er merkt nur, dass die beiden näher kommen. Genau das, was er will. Er zeigt sich noch einmal kurz vor den Sträuchern und ist gleich wieder weg. Brav, die beiden gehen den Weg entlang. Jetzt bellt der Fuchs nur mehr, sich zeigen ist zu gefährlich. Nun hinter den betrunkenen Schläfer und noch einmal bellen.
„Jo, was was is denn des! Der Treiber-Jockl und voll bis zum Anschlag." Der Fuchs ist jetzt sicher in seinem Bau und lugt nur vorsichtig aus dem Ausgang. Die beiden Jäger rütteln den Sitzenden, ohne Erfolg. Dann reden sie in einen von den Kästen und kurz darauf kommt einer von den großen Wägen. Gemein-

sam hieven sie den Jockl hinein und steigen auch selbst dazu. „Da Fuchs is längst weg. Fia heit is Schluss, wird eh scho finster.“ Und weg sind sie. Der Fuchs wartet noch ein wenig dann holt er sich, was dem Jockl aus der Jacke gefallen ist und verführerisch duftet. Die Folie ist schnell weggerissen. Ein Wurstbrot. Das Brot lässt er den Mäusen und den Krähen, aber die Wurst ist gut. Er leckt zufrieden die Lefzen. Vielleicht, wenn er Geduld hat, erwischt er auch noch eine Maus.

Ach, Süden!

Nach Süden

Im Morgengrauen aufbrechen, das Auto randvoll gepackt. Nach Süden!

In der zunehmenden Helle erst noch über Berge und durch Wälder, weiter, weiter.

Über eine Grenze in ein breites Flusstal, viel Schotter, dazwischen vielarmige türkise und silberne Gerinnsel, unzählige kleine Wasserfälle von den steilen Flanken. Der Fluss eilt nach Süden.

Die Dächer sind flacher, anders geformte Ziegel, die Türme der Kirchen stehen getrennt, „Campanili"; das Licht ist strahlender, öffnet Räume, lacht, zieht Schleier über die Ferne, so wie es das in Wien nur an manchen Sommertagen kann. Ebene. Lichtgrüne Wäldchen, Plantagen, denen die Sonne weit zwischen die Stämme scheint, dann Schilf und Wasserflächen, große Vögel auf der einen Seite, auf der anderen Einfahrten zu Pinete und Lidi, schon Piniengesäumt. Trauben, Pfirsiche, groß und saftig und Feigen. Ja, auch das Essen ist anders, anmutig und schlank, selbst dann, wenn es üppig ist. Weiter, weiter, nach Süden.

Zuweilen ein Halt: Mosaike, Kirchen, Klöster mit stillem Kreuzgang und Fresken. Palazzi, Steine auf denen ein Sonnenfinger auf eine Inschrift zeigt. Städte, die keine mehr sind aber einst stolz und prächtig waren.

Museen, randvoll mit noch mehr Steinen, Keramik und Bildern, die Geist und Herz weit öffnen für die eine, die einzige Richtung: nach Süden!
Im offenen Licht schwingen auch die Töne anders, freier, voller. Die Glocken, ein Orgelton hier, eine Geige dort. Die Sprache singt statt zu knarren, sogar der Lärm klingt melodisch zusammen mit den Stimmen und dem Flüstern der Brandung im Süden, im Süden!
Immer wieder das Meer mit seinem wechselnden Farbenspiel, die Gegend wird zunehmend karger, wellig und braun, grün nur mehr entlang der Flüsse oder ganz oben, auf einem Hügel. Dort hinauf klettern auch Steineichen und Kastanien. Die Oliven, grausilbern schimmernd, bleiben lieber im kleinwellig Hügeligen. Doch je karger das Land desto offener die Menschen. Immer hört man irgendwo singen, summen, eine Gitarre. Sie nehmen sich Zeit zu lachen die Menschen hier, im Süden, endlich im Süden!
Sie müssen zusammenhalten, die Menschen, wenn sie gut leben wollen. Was für einen zu viel ist, ist für zwei ein Fest –also lass uns feiern! Und es kommt ein Dritter dazu, bringt etwas mit und im Handumdrehen sitzt die halbe Gasse zusammen und freut sich an der abendlichen Kühle, am Mond, am Leben. Genauso strecken sie dem Fremden die Hand entgegen. Welch Gewinn für beide, wenn der sie nimmt! Er erfährt die kleinen Tricks zum leichteren Leben. Wie etwa nicht gleich kaufen am Markt, warten, bis der Büttel durchgeht mit der Glocke. Das heißt, in einer halben

Stunde ist Schluss und es fallen die Preise. Jetzt kauf! Oder sie nehmen dich mit auf die Feste, zum Platzkonzert, zur Prozession, zur Kirchenmusik. Musikalischer Himmel! Und von den Fremden die eigenen Schätze zurück bekommen, durch deren Augen gesehen. Die vielmals verfluchten Steine im Acker sind wertvoll? Obwohl der Polizist, der beim Pflügen mitgeht es selber nicht glaubt, aber pflichtbewusst meldet, was an Scherben und Steinen ans Licht kommt. Der Schatz ist kein vergrabener Hort von Münzen und Schmuck sondern genau diese Steine? Sie erzählen Geschichten die Steine? Und der Teller mit den drei Fischen, im Acker gefunden, auf dem der Topf mit dem Rosmarin steht ist alt, uralt? Vielleicht doch dem Beamten vom Ministerium glauben und den Acker aufgeben. Mit dem Geld dafür am Haus anbauen und zwei Zimmer vermieten, oder drei, an Leute wie diese Fremden, die genau wegen der Steine kommen? Leichter verdientes Geld als der dünnen Schicht schlechter Erde über den Steinen eine Weizenernte abzutrotzen.

Komm nächstes Jahr wieder und wohn bei uns, Freund, im Süden, im Süden!

Über den Brenner um 1615

Diesmal durfte er mit über den Brenner, nicht nur mit, sondern ein halbes Jahr bleiben! Es war ausgehandelt Gesellen zu tauschen. Antonio ging wieder zurück nach Brescia und er, Jakob Rocker, durfte mit und in Brescia lernen. Sie, die Erler, machten Rohteile, genau so gute wie die Füssener und Mittenwalder: Späne für Lauten und Mandolinen, die man nur mehr zusammensetzen musste. Ha, das „nur mehr" war eine eigene Kunst! Außerdem stellten sie Bretter und Brettchen her, sorgfältig vorbereitet für Decke, Zargen, Bassbalken und Stimmstock von Geigen. Die Erler hatten das gute, klingende Holz von Ahorn und Eiben, die Handwerker in Brescia, Venedig und Cremona das Wissen um den Instrumentenbau. In dem halben Jahr, das Antonio bei ihnen war, hatte Jakob fleißig welsch von ihm gelernt um dann drüben nicht ganz dumm dazustehen. Für Tonio hatte das halbe Jahr genügt, um zu lernen, wo das Rohmaterial herkam und wie es behandelt werden musste, damit es den Klang behielt. Außerdem hatte er sein Deutsch verbessert. Für ihn, Jakob, würde ein halbes Jahr nicht reichen um wirklich etwas vom Bau der Instrumente zu lernen. Es würde reichen um zu wissen, was die Meister brauchten, wie man die Teile vielleicht noch besser vorbereiten konnte. Das konnte er auch aufschreiben und hinüber schicken. Schreiben hatte er schließlich gelernt. Abwarten, er würde schon sehen.

Die Späne und Bretter waren schon sorgfältig verpackt. Stapelweise in gewachstem Leinen und die Packen in Ledersäcken. Wenn es arg regnete, gab es noch Lodendecken, die man darüberlegen konnte. Gestern waren böhmische Kaufleute gekommen mit Silber, Leinen und Bernstein, mit denen würden sie ziehen. Die hatten Packpferde, keine Maultiere wie die Erler, dazu zwei bewaffnete Reiter. Die Pferde waren in der Ebene schneller, aber für die Berge waren die Maultiere besser geeignet. Zwar eigensinnig aber trittsicher. Außerdem muteten sie ihnen nicht die volle Last zu, die sie tragen konnten, nur zwei Drittel. Das hieß zwar ein Tier mehr, dafür war man schneller und hatte am Rückweg mehr Platz für Wachs und Kastanien.
Es ging früh los, noch im Dunkeln. Das taugte den Maultieren gar nicht. Sie waren schon am Vortag unruhig gewesen, spürten wohl, dass es auf Reisen ging. Sie liefen gern, aber im Dunkeln aus dem Stall geführt werden wollten sie nicht. Gut zureden und mit einem Leckerbissen locken und belohnen war aber wirkungsvoller als schimpfen, zerren und knuffen. Jakob hatte Apfelstücke vorbereitet, die waren willkommen.
Endlich war man am Weg. Die Maultiere schienen sich mit den Pferden zu verstehen, in der Herde liefen sie auch lieber als allein. Erst zum Inn, dann den Fluss aufwärts.

„Sag, Giacomo“ fragte Tonio neben ihm „Warum fahren die Böhmen nicht auf Inn? Wäre doch bequemer.“
„Auf *dem* Inn, schon, aber der Wasserstand ist zu niedrig. Es hat zu wenig geregnet. Außerdem muss man ohnehin treideln. So haben sie sich in Nussdorf ausgeschifft. Keine Sorge, die sind schon in Ordnung, wir kennen sie. Sie liefern auf Bestellung, relativ kleine Mengen, die die Fugger, Imhoff, Höchstetter oder wie die alle heißen, nicht interessieren. Sie wollen zwar schnell aber auch sicher unterwegs sein.“
„Kennst du auch die Bewaffneten? Der eine, der Blonde, gefällt mir gar nicht. Hat böse Augen.“
„Der Blonde ist neu, vielleicht ist er deshalb noch unsicher. Aber der Andere ist ein lustiger Kerl. Die zwei sind eigentlich nur zur Abschreckung. Die anderen können sich alle wehren, und wie! Mit zwei langen Dolchen sind sie allem überlegen, was keine Schusswaffe ist. Haben sie uns einmal mit Hölzern demonstriert. Keine Chance mit einem Schwert oder Säbel, geschweige denn einem Messer durchzukommen.“
„Das möchte ich gerne sehen. Glaubst du sie zeigen mir?“
„Warum nicht? Wir können sie am Abend ja fragen.“
Bei Niederndorf, wo sie den Inn überquerten, wurde es schon hell. Die Berge lagen im Dunst, ein gutes Zeichen, zumindest für die Wandernden. Die Bauern hätten gern Regen gehabt. Der Inn war flaschengrün, hellgrün, kaltfarbig von den Bergen herunter. Bau-

ernhöfe saßen bis hoch hinauf. In den Wäldern schon einzelne gelbe Bäume, wie Flammen, Laubbäume zwischen den Fichten und Eiben. Dazwischen Weidegründe gefleckt mit Kühen, schon lang herunter von den Almen. Es war, als würde der Weg direkt auf eine Wand zuführen; Ende, kein Weg. Aber der Fluss kam von irgendwo her, es musste also weiter gehen. Und als sie näher kamen, tat sich die Wand auf, Fluss und Straße bogen nach links. Der Fluss hatte sich Platz geschaffen. Genug Platz für einen kleinen Ort am anderen Ufer. Als Jakob nach einer Weile zurück blickte, war die Wand hinter ihnen wieder zu. Vor ihnen erhob sich eine neue. Diesmal bog der Fluss nach rechts. Wieder Platz für einen Ort, diesmal auf ihrer Seite: Auerbach. Hier machten sie Mittagsrast. Tiere von der Last befreien, füttern, tränken, rasten lassen. Dann erst kamen die Menschen. Nicht lang, dann ging es weiter. Es wurde schon früh dunkel um die Zeit. Es sollte heute noch bis Kufstein gehen. Die Gipfel, die jetzt in der Sonne glänzten, waren weiß wie gepudert. Es war wohl das letzte Mal in diesem Jahr, dass man bequem und gefahrlos über den Brenner konnte.
Es war um diese Zeit schon mehr Betrieb auf der Straße. Nicht nur Kauffahrer, auf die meisten von denen würden sie erst nach Innsbruck treffen. Die Augsburger und Nürnberger kamen den Lech entlang, also von der anderen Seite. Hier waren viele Pilger unterwegs, solche mit der Jakobsmuschel am Gewand oder am Hut. Die hatten noch weit. Andere am

Weg nach Rom, oder näher zur Muttergottes von Wilten. Es gab auch Fuhrwerke, vier- und sechsspännig, schwere Tiere mit großen Hufen. Viel schneller waren sie nicht, aber nicht alle Waren passten auf die Rücken von Saumpferden oder Maultieren.
Die Bergspitzen leuchteten in der Sonne, später rosig und rotgold. Morgen würde es wohl noch einmal schön.
Der Wirt in Kufstein war ein alter Bekannter, begrüßte die Gruppe, wies ihnen gute Plätze für die Tiere und saubere Kammern zu. Es gab einen Stallknecht, aber Jakob sorgte gemeinsam mit einem Treiber selbst für die Maultiere. Das Essen war gut und danach sich ausstrecken tat wohl, sein Knappsack als Polster, schlafen.
Wieder früh auf, nicht so früh wie gestern, aber doch noch dunkel. Füttern, selber essen, Tiere beladen, damit man beim ersten Licht los konnte. Ein paar Äpfel für die Maultiere erbitten, gern gegeben. Er kann sich hinterm Haus aufsammeln soviel er will, die letzten, hacken ohnehin nur die Amseln drauf herum, noch am Baum. Jakob ließ sich das nicht zweimal sagen, füllte einen kleinen Leinenbeutel, den er dem Leittier oben auf die Last packte. Das sollte sie am Gehen halten.
Irgendwann am Vormittag ritt der blonde Wächter an ihn heran.
„Wenn du Wertsachen im Beutel hast, solltest du sie mit den Waren einschließen.“

„Ich hab keine Wertsachen, nur mein Werkzeug. Wie kommst du darauf?“
„Du schläfst damit.“ Ah, da schau, und woher weiß der Herr das?
„Ich brauch einen Kopfpolster,“ lachte Jakob „außerdem trennt sich ein Geselle nicht von seinem Handwerkszeug.“
Der Wächter kehrte ohne ein weiteres Wort an seinen Platz an der Spitze des Zugs zurück.
„Was will er?“ Das war jetzt Tonio.
Jakob erzählte.
„Genau, woher weiß er? Muss dich beobachtet haben. Ich sag ja, er gefällt mir nicht. Übrigens, wieso sagt ihr ‚nicht‘ am Ende von Satz? Wenn man es sagt am Anfang, allora, di mi!“
Jakob ist jetzt dran mit Sprachunterricht und sagt brav: Gefällt mir nicht heißt „Non mi piace. Oder ‚mi dispiace‘ richtig? Aber warum wir im Deutschen das ‚nicht‘ hintenan stellen, weiß ich nicht. Vielleicht wollen wir den Leuten nicht sozusagen mit dem Sauschwanz ins Gesicht fahren. Sie können es an der Miene und am Tonfall merken, dass ein ‚nicht‘ kommt und sich drauf vorbereiten?“
„Mit der Gentilezza habt ihr es sonst aber nicht so sehr, hm? ‘Mi dispiace‘ heißt aber eher ‚es tut mir leid‘. Kommt vor dem ‚non mi piace‘ “
„Du meinst man müsste sagen ‚Mi dispiace ma non mi piace‘ für ‚Tut mir leid, aber es gefällt mir nicht‘? Und mein Meister sagt das, wenn ich einen Fehler mache?“

Jetzt lachte Tonio „Nein, eher ‚corpo di baccho, cretino!' oder was Schlimmeres. Höflichkeit geht leider von unten nach oben. Wenn es einmal geht in beide Richtunge, sind wir wirklich Humaniste."

„Richtungen und Humanisten, mit n, aber es ist schon wahr. Wir können ja damit anfangen."

„Si, bei den Lehrlingen. Mit ‚n' richtig? Wenn mir ein Geselle oder Meister hätte gesagt ‚Bitte geh dort, bitte mach das' ich bete ihn an."

„Auch eine Art ein Heiliger zu werden. Ich werde es versuchen. Und wenn der Rotzbub dann glaubt, er kann mir auf der Nase herumtanzen, kriegt er eins hinter die Löffel."

„Si, so klingen Heilige!"

Sie unterhielten sich gut. Heute war der Weg auch kürzer, nur bis Hall. In Innsbruck und danach waren die Einkehrhöfe sicher voll und außerdem teurer. Aber am nächsten Tag sollte es bis Gries gehen.

Die Sonne wurde gegen Abend stechend und grell. Keine Spur von rosig. Die umgebenden Gipfel alle klar und ganz nah. Dann würde es morgen also nicht nur lang und steil werden sondern auch nass.

So war es auch. Als sie, diesmal wieder im Dunkeln, losgingen, war es aber noch trocken und der Weg gut. Später blinzelte eine stechende Sonne über die Gipfel im Osten, aber im Süden hingen schon schwere, schwarze Wolken. Die hatten die Sonne bald verschluckt. Nach Innsbruck ging es eine Schlucht bergauf, tief unten die Sill, wie der erfahrene Führer ihres Zugs sagte. Hellgrün, türkis, weiß zischend über Felsen und kleine Katarakte. Hier begann es zu tröpfeln. Anhalten, Regenschutz über die Ladung und die Leute. Während sie sich regenfest machten, ratterte die Post an ihnen vorbei. Die Insassen wurden ordentlich geschüttelt, aber sie saßen wenigstens trocken.

Auf einer Seite des Wegs ragten schroffe, graue Felsen auf, die andere Seite zeigte sanfte Hänge, Wiesen, Häuser, sogar Felder zwischen den Wiesen. Aber darüber wieder steile Waldhänge und Felsen. Dann ging es zum Fluss hinunter, hinüber und auf der anderen Seite wieder hinauf, in vielen Windungen um die Steigung gangbar zu machen. Als sie den Fluss im Talgrund überquert hatten, blickte Jakob zurück und nach oben.

„Wenn man eine Brücke über die Schlucht bauen könnte, wie einfach wäre dann der Weg!“ seufzte er sehnsüchtig.

„Du bist pazzo! Wie heißt das auf Deutsch?“

„Verrückt, ich weiß. Zu weit, zu tief, aber wenn nicht jemand einen Traum hat, eine Idee, kommt nichts Neues zustande.“ Dann zu einem Maultier, das nicht weiter wollte: „So Zokkele, hier ist ein halber Apfel, ja, jetzt geht es wieder aufwärts, komm, du gehst doch nicht allein, wir und die Pferde müssen auch da hinauf und auf uns regnet es genauso wie auf dich.“ Das Maultier schüttelte zwar den Kopf, dass das Wasser spritzte, aber setzte sich in Bewegung. Oben, wenn auch nicht ganz oben, ging der Weg den Hang entlang, man sah in einen Talkessel, ging weiter in ein anderes Tal. Über dem Weg stiegen die Berge noch weiter nach oben, noch mit Wald. Lärchen, gold leuchtend und ein paar Zirben. Die Felsen an manchen Stellen dunkelgrün. Eine andere Art Stein, sagte der Führer, keine Flechten.

In Matrei Mittagsrast, wieder das Ritual von abladen, füttern, diesmal auch trockenreiben. Es gab sogar so etwas wie eine Sattelkammer mit einem Kamin, wo sie die Regendecken trocknen konnten, ein wenig, wenn schon nicht ganz.

Beim Beladen der böhmischen Pferde griff einer der Burschen ungeschickt zu und es klapperte ordentlich.

„He, sorgsam mit die Sach!“ rief einer der Händler und sprang dazu um zu helfen.

Hatte Jakob recht gesehen? Die beiden zwinkerten sich zu? Und der blonde Wächter hatte aufgemerkt. Gut, das sollte er vermutlich, wachsam sein war seine Aufgabe. Trotzdem.

Beim Weiterziehen näherte sich Jakob dem Händler und fragte ob sie das Silber denn nicht in Lederkassetten hätten.

„Aber wo, die sind zu sperrig für den Transport. Die Sach machen wir an Ort und Stelle, wenn die Kunden es wollen oder sie lassen eine Prunkhülle von Ansässigen anfertigen. Wir verpacken die Stücke in Nesselpapier oder Nesselseide, je nach dem. Bevor wir sie übergeben wird noch einmal aufpoliert.“

„Nesselseide?“ fragte Jakob. Davon hatte er noch nie gehört.

„Ja,“ bestätigte der Böhme schmunzelnd „Brennnesseln sind nicht nur gut für den Boden, wenn ein Feld brach liegen muss, sie haben auch lange Fasern. Die kann man behandeln wie Flachs. Man kann daraus entweder Papier machen, wie Bütten. Das ist aber nicht so stark und glatt, dass man schreiben kann, aber gut für Einwickeln von Sach. Genauso kann man sie verweben. Sind gröber als Leinen aber feiner als Hanf. Gut für Wischen und Packen."

„Daher also dieses Märchen, wo eine Schwester Nesselhemden für die verzauberten Brüder strickt! Das war mir immer fantastischer als die Verwandlung selbst."

„Hast du wieder was gelernt, gell. Man muss alles nutzen, was der Liebe Gott wachsen lässt."

„Amen!"

Der Regen war in Nieseln übergegangen und die Sicht war schlecht. Wahrscheinlich waren sie in den untersten Wolkenschichten. Es ging noch immer bergauf.

Endlich Grieß, Nachtquartier, rasten, trocknen, wärmen. Morgen noch einmal ein Stück bergauf, dann stetig abwärts. Jakob schlief wie ein Stein, die Arme um seinen Knappsack-Polster gelegt. Beim Aufwachen schmerzte jeder Muskel. Ganze Tage gehen und immer bergauf war er nicht gewöhnt. Tonio neben ihm stöhnte genauso. Aber es half nichts, aufrappeln, strecken, biegen. Es musste gehen.

„Ja, ja, das ist normal, nach einer Stunde ist der Schmerz weg, wirst sehen." Tröstete der Führer. „Und vom Brenner an geht es ja bergab." Er ver-

schwieg, dass bergab andere Muskeln beansprucht werden und neue Schmerzen warten.
Das Versprechen war verlockend, aber es ging zäh. Es hatte sich festgeregnet, die Wolken, schwer vom Wasser, konnten die Berge nicht übersteigen und die nachkommenden drückten sie dagegen und aus wie einen Schwamm. Aber nach einer Kurve, wieder um einen Hang herum –der wievielte? – wichen die Berge auseinander, nicht viel, aber gaben einen Weg frei, ließen die Menschlein passieren. Machten sogar Platz für einen See. An dem entlang ging es jetzt beinahe eben, aber immer noch leicht bergauf. Die Schmerzen waren tatsächlich weg. Ein kurzer Halt. Eine Lederflasche mit süßem Zirbenschnaps machte die Runde, die Tiere bekamen einen Leckerbissen; ein Dankgebet: Der Brenner wurde gefeiert. Und dann weiter, hinunter ins Welsche Land.
Die Tiere wollten bergab laufen und mussten gebremst werden. Und das Gehen bergab machte sich bald in den Oberschenkeln bemerkbar. Mittagsrast in Sterzing; Vipiteno sagte Tonio. Der Regen hatte nachgelassen, die Wolken strahlten von der dahinter verborgenen Sonne. Es war wärmer. Der Fluss, der hier hellgrün abwärts stürmt, war der Eisack oder Isarco, wie Tonio ihn nannte. Am Weg durch die Stadt konnten sie die beiden Sprachen hören. Der ausgewählte Einkehrhof lag am Ortsausgang der Fuggerstadt, kurz bevor sich der Weg in drei Richtungen gabelte.
Der Gasthof war ziemlich voll, sie mussten sich auf mehrere Tische verteilen.

„Ab Brixen reden wir beide nur mehr welsch, damit du lernst.“ Tonio sah Jakob von der Seite an. Der nickte kauend Zustimmung. „Sag mir, ehrlich, du willst nicht mehr zurück, stimmt?“
Jakob schaute überrascht auf „Wieso - ich meine – ja, ich will bleiben und lernen Instrumente zu bauen. Das interessiert mich mehr als alles andere. Außerdem höre ich zu, was die Leute erzählen, die bei uns durchkommen. Es wird Krieg geben zwischen den Katholischen und den Lutheranern. Im Welschen sind sie gut katholisch und gehören nicht dem Kaiser. Da kann man leben.“
„Dafür bekriegen sich die Städte, aber das kann man aussitzen. Dann wirst du also von Jakob Rocker zu Giaccomo Rocchio, Lautenbauer? Ich weiß jemanden, der so wen wie dich sucht.“
„Woher hast du gewusst, dass ich bleiben will?“
„Giaccomo, ich habe Augen im Kopf. Wie du geschaut hast beim Weggehen, war klar, du gehst für immer. He, wo will der Biondo hin?“
„Na, wohin schon?“
„Nein, Herzhäuschen ist hinten aus, über den Hof. In alle Einkehre. Er war auch der Letzte, der herein ist. Ascolta, horch, da läuft Pferd weg, und schnell!“
Tonio war blitzschnell auf und bei der Türe. „Ah, Malandrino, aiuto, halte Dieb, der Biondo hat Sack gestohlen und scappa, läuft weg!“
Zwei der Böhmen standen auf, nicht allzu schnell, gingen zu ihrem Gepäck und begannen schallend zu lachen.

„Was ist lustig daran, wenn er Euer Silber stiehlt?“
„Ach, Jakob, natürlich werden wir den Idioten den Soldaten melden, aber er hat nicht unser Silber gestohlen, sondern nur einen Haufen Blech, Muster. Er wird eine böse Überraschung haben, Zinn mit Wismut, schmilzt über einer Kerze.“ Sie konnten kaum reden vor Lachen und die anderen Böhmen stimmten ein. „Wir haben ihn von Anfang an verdächtigt. Der zweite Wächter, der den wir immer haben, hat einen Unfall gehabt und er hat gesehen, wer ihn gestoßen hat. Also haben wir unsere Waren ein bisschen anders gepackt als sonst. In dem Sack, der klappert, war kein Silber. Wir haben aber so viel Aufhebens drum gemacht als wären die Kronjuwelen drin.“
Der Wirt hatte die Rufe von Tonio gehört und einen Buben um die Soldaten geschickt. Die Böhmen erzählten ihnen, was sie wissen mussten. Ein Stück weiter teilte sich der Weg in drei Richtungen, schwer zu sagen, welche Richtung der Blonde genommen hat. Nach Meran? Oder einen der beiden Wege nach Bozen? Der Capitano schickte drei Paare los, versehen mit der Beschreibung des Blonden und des Pferdes. Ein Schecke ist nicht so häufig, und nein, das Pferd gehört ihnen nicht, ist seines. Der Capitano selbst schrieb alles auf. Er bestand darauf, ihnen einen seiner Soldaten mitzugeben, als Ersatz. Ein Wächter sei zu wenig, meinte er. Das Tal würde sehr eng. Wenn der Kerl gemerkt hat, dass sie ihn getäuscht haben, lauert er ihnen womöglich auf. All das dauerte seine Zeit.

Gut, bis Brixen würden sie heute nicht mehr kommen, nur bis Mittewald.
Bei Stilfes hörten sie Hufgeklapper hinter sich und Rufen. Einer der Soldaten holte sie ein, mit dem Blechsack. Sie haben den Kerl erwischt, auf der Meraner Straße. Er hatte eine Lederkappe über die blonden Haare gezogen, aber der Schecke war unverkennbar.
Ende gut, alles gut? Fast. Die Böhmen bitten die Soldaten jetzt, den zweiten Wächter auch mitzunehmen. Er war es, der den anderen gestoßen hat und er war mit dem Blonden vereinbart. Die Pistole? Keine Sorge, das Pulver ist nur Sand mit Bimsstein. Und sein Pferd gehört ihnen. Er wird zurück laufen müssen.

Römischer Engel

S. Pietro in Montorio, den Bus nehmen um den Bramante-Tempietto zu sehen. Na ja, zu sehen gibt's nicht viel, weil der Hof, in dem er steht nicht zugänglich ist. Nur durch ein Gitter kann man leibhaftig betrachten, was auch auf Bildern zu sehen ist und kein Eckchen oder Zipfelchen mehr. Aber die Aussicht in die andere Richtung ist den Weg wert: Rom im Nachmittagslicht, vergoldet, genüsslich entlang des Tibers ausgestreckt, eine satte, friedliche Löwin. Ein paar Schäfchenwolken, ein sanftes Lüftchen.
Um S. Pietro geht es lustig zu. Viele geparkte Autos, etliche mit weißen Bändern an Antenne und Spiegeln, hier wird wohl demnächst geheiratet. Grüppchen von

Leuten stehen herum und unterhalten sich fröhlich. Eine Schar Kinder tollt zwischen den geparkten Autos und in der Grünanlage. Allen voran ein Bürschchen mit blonden Locken, einen Stock schwingend wie ein Schwert, er schreit auch was von ‚spada' und ‚avanti', ein kleiner furchtloser Roland oder Musketier oder was auch immer. Jetzt naht sich langsam und hupend eine Prozession von aufwendig geschmückten Limousinen – offenbar die Braut und ihr Gefolge. Eine Frau löst sich aus einem Grüppchen und ruft „Angelo!" Laut, mehrfach. Und richtig, da kommt er angehetzt, der kleine Held vom Stockschwert, das Hemd hängt aus der Hose, die ist nicht mehr ganz sauber und der Held selbst hat auch einen schwarzen Schmutzstreifen über Nase und Wange. Ich hab gut lachen, aber die Mutter stößt ein langes Lamento aus in dem von ‚sporco' und ‚vergognarti' die Rede ist; also von schmutzig und sich schämen. Der Engel blickt schuldbewusst, immer noch das Stockschwert in der Hand. Der Vater daneben, hinzu geeilt aus einer anderen Gruppe, schüttelt nur die gefalteten Hände vor der Brust. Aber offenbar kennt die Mutter ihren zweifelhaften Engel. Aus einer Tragetasche mit eleganter Adresse zieht sie ein Handtuch, eine Kleiderbürste und einen Plastikbehälter – ja richtig, mit nassem Waschfleck, so wie meine Großmutter ihn für mich auch immer dabei hatte. Der Stock muss abgegeben werden, das nasse Tuch tut seine Arbeit an Gesicht und Händen, das Handtuch in Verein mit der Kleiderbürste reinigt die Hose. Der Vater steuert aus einer

Innentasche einen Kamm bei. Und – Hokuspokus – aus der Tragetasche zaubert die Mutter ein frisches, sauberes, weißes Hemd.
Die Braut ist inzwischen ausgestiegen, akklamiert von den Gästen, das Kleid zurecht gezupft nach der Fahrt. Der Zug formiert sich, der Brautführer reicht den Arm. Der frisch wiederhergestellte Angelo empfängt ein Samtkissen mit den Ringen und reiht sich mit engelhaftem Ausdruck würdevoll ein hinter der Braut.
Seine Mutter bekreuzigt sich; jetzt muss er nur noch schaffen, die Ringe nicht fallen zu lassen und der Braut nicht auf die Schleppe zu treten.

Welche Farbe hat das Meer?

nach Liliana Rebuzzi

Das Meer und seine Farben, auch die von Strand und Himmel, waren schon immer in meinem Kopf, in meinen Augen, in meinen Händen. Obwohl, oder vielleicht weil, ich in Turin geboren und aufgewachsen bin. In meinen Augen ist Turin grau-schwarz, finster, an den Rändern voll ausgewaschener, blasser Farben, die manche Leute euphemistisch „pastell" nennen. Aber Pastell, richtiges Künstlerpastell, leuchtet und strahlt, das Stadtrandblass ist wie die Hautfarbe von Kranken. Natürlich ist das Zentrum geputzt und geschniegelt, die Alpen als Kulisse beliebt, aber die Wohngegend meiner Familie, die Wohnung, die wir

uns leisten konnten, war jenseits von Zentrum und strahlenden Fassaden.
Meine Großväter und ihre Brüder waren noch Fischer und Schiffer. Sie sind in die Fabriken gezogen, des Verdienstes wegen. Man muss schließlich leben. Von klein auf habe ich am liebsten mit Farben gespielt: Buntstifte, Faserstifte, Malkreiden, Wasserfarben. Zwei Urlaubswochen der Familie am Meer waren für mich das Paradies: Aus dem Meer kommen alle Farben der Welt. Die Familiengeschichte hat für mich ein Handwerk vorgesehen; ein Handwerk mit Farben ist dann eben Maler und Anstreicher. Dabei habe ich auch zeichnen gelernt und alle möglichen Techniken, auch historische. Als Maler bist du ziemlich unabhängig, kannst den Leuten für ihre Zimmer Farben vorschlagen, die dir gefallen. Meist nehmen sie die Vorschläge auch an. Mit Designern, die auf ihrem schlechten Geschmack bestehen, arbeite ich nicht. Ich habe durch Mundpropaganda genug Aufträge. Wenn mir die Stadt und das Gedränge zu viel werden, und das ist oft, fahre ich ans Meer. Die ligurische Küste ist mir die liebste. Sie ist abwechslungsreicher als die Adria, mit Sand und Felsen, Klippen und langen Stränden. Aber jede Küste tut es, Hauptsache Meer.
Aus dem Meer kommen alle Farben der Welt. Alle Abstufungen von Grün und Blau, tiefstes Dunkel und hellstes, strahlendstes Licht, Rotgold, vom finstersten, brüllenden Tiefrot bis zum zartesten, lichtesten Rosé. Über den Tag verteilt aber auch alle zusammen.

Ideal ist es, wenn ich am Wochenende eine Wohnung male, während die Leute in ihren Wochenend- oder Feriendomizilen sind. Sonntagnachmittag ist alles fertig und geputzt und Montag und Dienstag ist mein „Wochenende“, da habe ich die Strände und das Meer dann fast für mich allein. Alle Tönungen des Wassers – ich kann gar nicht alles aufzählen, und die Schattierungen von Sand und Felsen, dazu die Farben der Muscheln und der Seesterne – alles ist ungeteilt und nur für mich da. Morgens den kühlen Sand zwischen den Zehen, den harten, nassen Grund unter den Sohlen, dort wo Meer auf Land trifft. Mittags braucht es dann Sandalen, wenn der Sand unter der Sonne glüht. Wenn es regnet, bleibt die von den Aufschlägen der Tropfen geformte Oberfläche salzkrustig gehärtet, bröckelt knisternd unter den Füßen. Der Flutsaum voller Fundstücke: Äste, ein paar Federn, Muschelschalen, zu Edelsteinen geschliffene Glasstücke, noch erkennbar als Reste von dunkelgrünen, braunen oder blass blaugrünen Flaschen, hängen, stecken, häufen sich zwischen Tang und Algen. Über all dem nur die Stimmen des Meeres und der Möwen, kein Geschrei, keine Ghettoblaster, kein Handygeklingel.

Freilich ist in den Sommerferien auch an Wochentagen der Strand nicht ganz leer. Aber sobald man mit Schnorchel und Tauchbrille ins Meer taucht, sich tragen und wiegen lässt, ist man wieder allein und doch Teil eines Ganzen. Die Farben sind unter Wasser wieder anders, durchscheinender, unwirklicher. Bei einem solchen Geschnorchel habe ich auch ein großes Schneckenhaus gefunden, ein Tritonshorn, im Inneren rosig-perlmuttern schimmernd. Das ist mein Lieblingsstück in meiner nicht allzu kleinen Sammlung. Wenn ich das in der Hand halte, höre, sehe und rieche ich das Meer, ich kann es sogar schmecken.

Aus dem Meer kommen alle Farben der Welt. Auch Grau, Schwarz, Weiß, Silber, Ocker, zartes Gelb, alle, ineinander fließend, sich ablösend oder zugleich, Kopf und Augen füllend.

Im Winter ist es an den Stränden tatsächlich einsam, nur in der Nähe einer Ortschaft hin und wieder ein Mensch mit Hund. Und hier in Ligurien liegen die Orte wirklich und wahrhaftig am Meer, nicht weit dahinter, wie anders wo und am Meer selbst nur die ‚Lidi' und ‚Pinete.' In dieser Jahreszeit werden Himmel und Meer manchmal ununterscheidbar, aber was für ein Licht! Zuweilen gehe ich weit, dann sitze ich wieder nur auf einem Felsen und trinke Farben und Licht. Wenn das Wetter es nicht anders zulässt, sitze ich auch nur im Auto. Ich komme immer voll von Farben zurück, beruhigt und gereinigt. Danach kommt das Meer dann auch auf Papier und Leinwand. Es ist, als würden all die Meerfarben in meinen Händen jucken und pulsieren, sie wollen heraus. Aber sie kommen verschieden heraus, je nachdem ob ich aquarelliere oder mit Ölfarben male. Die Aquarelle sind so, wie das Meer aussieht, oder aussehen könnte, mit Möwen, Muscheln, Küste, egal welchen Zugaben, schön und leuchtend, aber zahm. Auf einer Leinwand übernehmen die Farben das Kommando, toben sich aus, fliegen, tauchen, zischen, sprengen ihre Formen, lassen sich nicht eingrenzen, hören nur auf, wo die Leinwand endet. Aber die sind nur für mich; wenn sie trocken sind, kommen sie in einen Kasten und ich hole sie nur hin und wieder heraus.

Im Sommer ist meine Hauptarbeitszeit. Die Leute wollen ihre Wohnungen ausgemalt haben, wenn die Anstriche schnell trocknen und sie nicht daheim sind. Im Winter ist weniger zu tun. Da ist dann Zeit für Weiterbildung und Kurse. Nicht nur für Anstreicher, sondern alles was mit Farben und Meer zu tun hat. Man glaubt gar nicht, was es da alles zu wissen gibt. Weil mir jemand gesagt hat, dass man sich auf der Universität ohne Formalitäten einfach in eine Vorlesung hineinsetzen kann, habe ich auch das versucht. Ich bin nicht weiter aufgefallen und habe verstanden, was die Professoren erzählen, also ist es zu einer lieben Gewohnheit geworden. Meiner Familie, meiner Freundin und den Nachbarn erzähle ich nichts davon. Wozu? Sie würden es nicht verstehen. Zwei oder drei Stunden pro Woche lassen sich leicht unterbringen und ich genieße es, fast so sehr wie ans Meer zu fahren.

Aus dem Meer kommen alle Farben der Welt. Alle Abstufungen von Blau und Grün, tiefstes Dunkel und hellstes, strahlendstes Licht, Rotgold, vom finstersten, brüllenden Tiefrot, wenn die Sonne lang untergegangen ist, bis zum zartesten, lichtesten Rosé, oder dem strahlenden, fast weißen Gelb, wenn die Sonne

den Nebel ausleuchtet. Genauso Grau, Schwarz, Weiß, Silber, Ocker, alle, ineinander fließend, sich ablösend oder zugleich, Kopf und Augen füllend.
Ich könnte zufrieden sein mit meinem Leben, aber Turin geht mir zunehmend auf die Nerven und gegen den Strich, erschöpft mich, presst mich aus, macht mich unruhig. Die Vorlesung und die Tage am Meer reichen nicht mehr um das auszugleichen. Außerdem beginnt meine Freundin an mir zu zerren, ich soll Mitarbeiter anstellen und mehr Aufträge annehmen, mehr Geld verdienen, eine größere Wohnung mieten, oder besser kaufen, Tennis spielen und in die Berge fahren statt ans Meer, an den „Arsch der Welt“. Ein Naturpark bei Arenzano heißt übrigens tatsächlich so: „Culo del mondo“. Ich soll lieber die „richtigen“ Leute kennenlernen. Meinen „Muschelmüll“, wie sie meine Sammlung nennt, soll ich entsorgen, Muscheln sammeln und katalogisieren ist für kleine Kinder. Ich habe klargestellt, dass ich sie hinterherwerfe, sollte auch nur ein Stück im Müll landen. Sie klagt, dass mir das Meer wichtiger ist als sie und ihre Interessen. Das gilt wohl auch umgekehrt, ihre Interessen sind ihr wichtiger als ich. Aber wenn ich nachdenke stimmt es: Das Meer ist mir wichtig. Wichtiger als alles. Also ziehe ich die Konsequenzen: Wir sind getrennte Leute.
Konsequenzen auch auf anderer Seite: Ich habe an die Gemeinde von Zoagli geschrieben. Mein Lieblingsort an der Küste, nicht weit von Chiavari. Die Stadt reicht bis ans Meer, ein Klippenweg, Strand aus Kies und Sand, schmale Gassen, Häuser in Strandfar-

ben, also gelb, heller Ocker, rosé , ein Stadtplatz mit einem Schachspiel im Boden, Leute die einander grüßen und beim Namen kennen, sich Zeit nehmen für ein Gespräch. Ich habe es mir vorgestellt, mit dem Tritonshorn in der Hand. Es würde passen. Hat die Stadt Bedarf und Platz für einen Maler und Anstreicher?

Das Glück ist mit mir. In Zoagli gibt es einen Maler, der nächstes Jahr in Pension gehen will und einen Nachfolger sucht. Die Wirtschaftsabteilung der Gemeinde hat mir seine Adresse geschickt.

Aus dem Herzen des Meeres kommen alle Farben der Welt. Alle Abstufungen des Regenbogens und noch einige dazu; genauso Grau von hell bis dunkel, gemasert, geädert, gefleckt, Silber, Ocker, alle, ineinander fließend, sich ablösend oder zugleich, Kopf, Herz und Augen füllend.

Wir sind einander auf Anhieb sympathisch, Signore Diangelo und ich. Natürlich erkundigt er sich nach meiner Arbeit und ob ich bis zu seiner Pensionierung sozusagen unter ihm arbeiten würde? Klar, er ist der Chef und ich muss doch die Stadt erst kennenlernen. Hier ist die Hauptarbeit im Winter, wenn die Pensionen und B&Bs ebenso wie die Ristoranti ihre Räume neu ausmalen. Es gibt zum Glück nicht allzu viel Tourismus, grade richtig. Meist Wanderurlauber, die keinen Luxus suchen, aber Ruhe und Qualität. Im Sommer ist die Schule dran und die Gemeinde, ja und das Kino; das spielt im Sommer im Freien. Wohnen kann ich bei ihm, wenn ich das will. Sein Haus ist groß, die Frau gestorben, die Kinder weg gezogen, nach Mailand und Genua; sie haben kein Interesse am Malergeschäft. Das Angebot nehme ich gerne an bis ich etwas Nettes finde für mich und meine Muscheln und Bilder – und ja, auch Bücher. Die werden mehr und mehr seit ich entdeckt habe, wieviel es zu wissen gibt.

Ahm, Signore Diangelo räuspert sich, ob ich etwas für Musik über habe? Hier sind nämlich fast alle Meister, Gesellen und Geschäftsleute im Kirchenchor, wirklich gute Stimmen und ein großartiger Chorleiter. Der Chor hat sogar schon Bewerbe gewonnen. Ich weiß es nicht, meine Musiklehrer in der Schule waren nicht sehr angetan von meiner stimmlichen Begabung, aber da war ich vierzehn. Einen Versuch ist es wert. Stimmlage? Bariton? Man wird sehen. Es könnte Spaß machen.

Aber zurück zum Malen. Einige der Padroni wollen ihre Räume nicht nur einfarbig gestrichen sondern mit Meeresansichten, appetitlichen Stilleben oder dergleichen versehen. Kann ich solche Sachen? Ich kenne den Brauch und habe ein paar von meinen Aquarellen mit. „Ah, *cielo e mar*!“ Signore Diangeli singt das, seiner musikalischen Passion entsprechend, und nicht schlecht. *“Kommt mein Engel vom Himmel oder vom Meer?“* Meint dann, dass die Leute in Zukunft bessere Bilder an ihren Wänden sehen werden, als sie von ihm bekommen haben. Das Lob freut mich. Zum ersten Mal kommt mir die Idee, ich könnte vielleicht meine Bilder verkaufen?

Ich bringe also ein paar Tage später meine Arbeitsausrüstung, noch mehr Skizzen, und so dies und das. Natürlich das Tritonshorn. Die Aufträge in Turin sind vorläufig abgearbeitet.
Signore Diangeli hat einen Auftrag für mich. Ein B&B soll renoviert werden, Wandbilder sind gefragt. Piazza Cristoforo Colombo, Signora Ambrato. Ich nehme also meine Mappe mit Aquarellen und mache mich auf den Weg. Signora Violetta Ambrato sieht so aus wie sie heißt: Bernsteinfarben, mit Augen violett wie das Meer am Abend. Sie ist eine junge Witwe - die verdammten Motorräder. Sie macht außerdem noch die Buchhaltung für ein paar Handwerksbetriebe. Die Saison für Zimmervermietung reicht nicht fürs ganze Jahr. Meine Aquarelle gefallen ihr, sogar sehr. Die Zimmer sind klein und sie möchte, dass sie mit gemaltem Meerblick größer wirken. Echten Meerblick hat die Pensione Ambrato nur von der Dachterrasse. Ich sehe mir die Zimmer an. Wenn ich eine Scheinarchitektur um den Meerblick male – eine Loggienbrüstung und darüber ein Bogen ist eine Wand fast ganz weg, ich zeichne schnell eine Skizze. Echt, das kann ich? Fantastisch. Was das kostet? Das gleiche wie ein Bild, ist ja eines. Ich freue mich auf die Zeit, die ich mit dem Malen verbringen werde. Fünf verschiedene Landschaften nach dem Blick von der Dachterrasse, und ich denke mir fünf Extras aus, die als Trompe l'oeil auf die falsche Brüstung kommen: eine Rose, ein Teller mit Muscheln, ein Obstkorb, ein wehender Vorhang, ein Vogel.

Violetta schlüpft zwischen ihrer Arbeit immer wieder ins Zimmer um mir zuzusehen. Die Rose male ich im ersten Zimmer, aber ganz zuletzt, als Überraschung – und sie will sie tatsächlich nehmen und in die Vase stellen!

Aus dem Herzen des Meeres kommen alle Farben der Welt. Alle Abstufungen, alle, ineinander fließend, sich ablösend oder zugleich, aber besonders Bernsteingolden und Violett. Kopf, Herz und Augen füllend.

Signore Diangeli kommt auch um sich die Wand anzusehen. „Wo hast du gemalt?“ fragt er zuerst, dann „Oh!“ und dann umarmt er mich nur stumm. Findet aber bald seine Worte wieder, stumm sein, hält bei ihm nicht lang. „Wenn unser Pfarrer das sieht, will er seine Kirche von dir barock ausgemalt haben und ich kann nicht in Pension gehen. Zeig ihm das bloß nicht!“

„Wenn ich es ihm nicht zeige, vermutet er das Schlimmste!“ lacht Violetta. „Pietro muss einfach hart bleiben!“

Also das wird nicht schwer sein. Ich mag kein Barock. Ich kann dem Pfarrer einen Seesturm anbieten, aber keine Heiligen, bedaure.

Elvira wohnt hier nicht mehr

„Jetzt geht das schon wieder los!“ schimpft der Portier. „Jedes Jahr das gleiche. Im November fängt der Verrückte an uns zu quälen!“ Dann wendet er sich entschuldigend an die Dame, die ihm einen Brief übergeben hat. „Ich vermute, ein elegant gekleideter Herr hat ihnen das Ding aufgedrängt.“ – Er stößt einen dicken Zeigefinger auf den Brief, der vor ihm am Pult liegt –„Stimmt‘s?“

„Ja,“ antwortet die Dame „und er war sehr höflich. Keine Rede von aufgedrängt. Ich habe angeboten Ihnen den Brief zu übergeben, weil ich nur Gast bin und nicht weiß, wer alles hier wohnt. Der Name ist ja der des Palazzos, die Besitzer könnten ja noch hier wohnen.“

„Könnten, tun sie aber nicht. Die Familie, deren Namen der Palast trägt, ist ausgestorben und die jetzigen Besitzer wohnen ganz woanders. Aber hier, schauen Sie, eine ganze Lade hab ich voll mit diesen Briefen. Der Verwalter hat gesagt, ich soll sie aufheben, weil man nicht wissen kann, wer hinter diesen Briefen steckt. Ob es vielleicht noch irgend einen Seitenzweig der alten Familie gibt, die da agitieren. Natürlich hätten die keinerlei legales Recht darauf, den Namen zu führen, sagt der Herr Verwalter, geschweige denn Besitzansprüche, aber ich soll das aufheben. Ich! Nicht der Herr Verwalter.“ Klein, stämmig, aufgeregt, unter seinem strubbeligen Haarschopf ganz rot angelaufen vor Empörung. Der hohe

Kragen seiner grauen Portiersuniform droht zu platzen.

„Ja, sehr lästig." Die Dame versucht zu beruhigen. „Aber es gibt sicher unangenehmere Dinge als eine Lade voll mit unzustellbaren Briefen?"

„Hm, ja, sicher. Aber wieso ist der so hartnäckig?"

„Haben Sie oder der Herr Verwalter je einen dieser Briefe geöffnet?"

„Nein, natürlich nicht! Man kann doch fremde Briefe nicht einfach öffnen."

„Wenn es den Empfänger oder in unserem Fall, die Empfängerin, nicht mehr gibt, geht das schon. Mit ein bisschen Dampf merkt der Herr Verwalter auch nichts davon. Sie haben doch eine Kaffeemaschine oder?"

Der Portier hat und die Dame hält die Flappe vorsichtig in den Dampf. Es geht schnell. Der Brief wird herausgezogen und entfaltet:

> *„Hoch verehrtes gnädiges Fräulein,*
> *teuerste Elvira!*
> *Mit Freude und Dankbarkeit nehme ich die Einladung Ihrer gnädigsten Frau Mama, der ich ergebenst die Hände küsse, an, zum Tee in Ihrem Salon zu erscheinen. Ich hoffe inständig, Sie, verehrtes gnädiges Fräulein, bei dieser Gelegenheit anwesend zu finden.*
> *Sie sehen mich untertänigst und hoffnungsvoll zu Ihren Füßen!*
> *Mit dem Ausdruck meiner vorzüglichsten Hochachtung und immerwährenden Verehrung*
> *Vincenzo M. Bonanno"*

„Dio, so geschraubt! Aber bei uns gibt's keinen Salon und keine Einladungen zum Tee."
„Nein, aber der Brief trägt auch das Datum vom 10.November 1891"
„Waaas? Wie kommt denn der Kerl zu dem Brief? Oder ist es eine Fälschung?"
Das ist eine gute Frage. Die Dame, die in der Stadt ist um im historischen Archiv einiges nachzuschlagen, das sie für ihre historischen Studien benötigt, beschließt sich mit der Geschichte dieser Familie zu beschäftigen. Außer Programm, sie ist neugierig geworden. Der Brief wird schnell fotografiert und wieder ins Kuvert gesteckt, das Kuvert verschlossen. Die feuchte Gummierung hält sogar noch.
Dieser Palazzo, einst am Rand des Zentrums gelegen, ländlich genug für einen großen Garten, nah genug am Zentrum um rasch im Theater und bei den Bällen in den großen Häusern zu sein, nah genug auch um selber einladen zu können, ist jetzt ganz in der mittlerweile gewachsenen Stadt und wird gemischt genutzt. Im Erdgeschoß zur gut besuchten Straße zwei elegante Geschäfte, ein Juwelier und eine noble Modemarke, von der Einfahrt führt die prächtige Treppe ins Geschoß mit den Repräsentationsräumen, die jetzt von einer Versicherung und einer Bank genutzt werden. Hier empfangen sie unter gemalten Decken und Stuck, auf Ahornparkett, zwischen Marmorkaminen und Spiegeln wichtige Gäste, verleihen Preise, wickeln von ihnen gesponserte Veranstaltungen ab. In den ehemaligen Remisen im Hof sind Geschäfte

gehobenen Handwerks: feine Lederwaren, Majolika, ein Antiquariat, das auch Restaurationsarbeiten an Büchern übernimmt. An der Rückwand ein schöner Brunnen. Vom Hof führen zwei bescheidenere Stiegenhäuser in die Seitenflügel und den rückwärtigen Trakt. Hier haben sich im ersten Stock zwei Etagenhotels eingerichtet. Deren Frühstücks- und Aufenthaltsräume gehen überraschend auf einen Garten – den Rest des großen Gartens, der sich hangaufwärts einst weit hinzog. Ein kleines Paradies, heute weggefressen, verhökert, begrenzt von neueren Gebäuden. Über den Hotels zwei Geschoße mit Wohnungen. Von einer Familie, die an einer solchen Adresse gebaut und dort über lange Zeit gewohnt hat, sollte es im städtischen Archiv Spuren geben.

Als sie im Archiv nach der Familie Petrelli, Fürsten von Baucina fragt wirft die Archivarin ihr einen misstrauischen Blick zu. „Die Fürsten von Baucina?“ wiederholt sie kühl.

„Ich wohne im ehemaligen Palazzo der Familie, dort sind jetzt zwei Etagenhotels, das hat mich neugierig gemacht.“

„Ach so!“ die Mine hellt sich auf. „Diese Petrelli waren nämlich eher berüchtigt. Natürlich gibt es Material. Ursprünglich Fonancini-Petrelli. Die Fonancini waren sehr achtbare Leute. Was sie dazu gebracht hat sich mit den Petrelli zu verbinden ist heute noch unbegreiflich. Kommen Sie mit, bitte.“ Während sie die Regale entlang geht, wird sie direkt gesprächig. „Geld war nicht der Grund, davon hatten sie mehr als genug, auch Einfluss. Manche meinen, es sei eine Liebesheirat gewesen, aber nach Liebe hat im achtzehnten Jahrhundert niemand gefragt. Schon gar nicht die Frauen. Aber das muss ich Ihnen ja nicht erklären, Sie wissen das. So hier. Wo wollen sie anfangen?"

„Der Portier sagt, die Familie ist ausgestorben. Vielleicht also von den letzten Jahren rückwärts, ausgehend von der jetzigen Gestalt des Palastes?" Die Dame sagt nichts von hartnäckigen Briefschreibern. Sie fürchtet, die Archivarin wird dann wieder verstummen. Und der mysteriöse Herr, soweit sie ihn im Dunklen gesehen hat, würde auch in die 1890er passen. Mantel über Anzug mit Weste. Er hatte etwas in der linken Hand, das durchaus ein Hut und Handschuhe hätten sein können. Sie war zu sehr auf sein Gesicht und den Brief konzentriert.

„Gut, dann beginnen Sie am besten mit diesen beiden Kartons. Sie wissen ja, wie sie damit umgehen. Ich lasse sie Ihnen an Ihren Platz bringen. Außerdem gibt es da noch eine Baugeschichte in mehreren Bänden. Ich suche Ihnen den richtigen Band heraus. Ein paar Paläste in dem Viertel gehen noch auf Maurische oder Normannische Bauten zurück."

„Und es hat sich noch niemand mit den Unterlagen beschäftigt?"

„Hm, nicht wirklich. Diese Petrelli will niemand anrühren."

Bald steht das Wägelchen mit den Kartons neben dem Platz der Dame. Der versprochene Band der

Baugeschichte ist ebenfalls darauf, mit einem Lesezeichen. Sie räumt ihre Arbeit beiseite und hebt ihn auf den Tisch. Ein großformatiges Schwergewicht, Daten, Grundrisse, alte Stiche. Tatsächlich eine Maurische Gründung, der Brunnen im Hof noch aus der Zeit als er im Gartensaal des ersten Hauses den Kanal speiste, der seinerseits in ein Becken mündete. Die Normannen haben dann darüber gebaut, umgebaut, der Brunnen da schon im Hof, der Kanal abgedeckt. Der Grundriss stammt noch aus der Zeit. - Stichprobengrabungen bei Kanalarbeiten - abgebrannt, neu gebaut, modernisiert. Sie macht Notizen, kopiert die alten Grundrisse. Sehr interessant. Dann zurück auf den Wagen. Jetzt lüftet sie den Deckel des ersten – oder besser letzten Kartons. Im Deckel ein Inventar, sonst nichts. Ganz offensichtlich nicht bearbeitet, denn die Bezeichnungen sind sehr summarisch. Etwa: „Mappe mit Baurechnungen, dreißig Blätter“ Jahreszahl. Offenbar Schreibtisch und Laden ausgeräumt, verzeichnet, verstaut, Kartons beschriftet. Keine Zeit für mehr oder es wollte niemand dran rühren, nichts zu tun haben mit „diesen Petrelli“. Dabei wäre es schon ein tolles Thema, egal ob Forschungsauftrag oder Dissertation. Wenn jemand aus einer anderen Stadt kommt und neutral und unnachgiebig fragt, gibt es vielleicht Antworten. Was sie wohl angestellt haben? Ist der Herr Verwalter deshalb so übervorsichtig?

Eine weitere Mappe „Fotos, lose, unbeschriftet, undatiert“. Die Dame nimmt einige heraus, legt sie auf den Tisch. Alles Atelierfotos: Damen, Herren, Paare, Paare mit Kindern; Mädchen in Firmungskleidung mit Kerze; Gruppenfotos von streng blickenden Herren; eine Gruppe von Bediensteten offenbar im Hof des Palazzos, im Hintergrund der Haupttrakt und die Einfahrt mit einem Stück der Prunktreppe. Die Bilder müssten Kostümkundige chronologisch ordnen. Sie legt alles wieder zurück. Eines der Firmungsmädchen hat es ihr angetan. Diese Augen – und sie kommt ihr vage bekannt vor. Sie hält das Bild eine Weile in der Hand, steckt es weg, nimmt es wieder heraus, fotografiert es ihrerseits bevor sie es endgültig zurück in die Mappe steckt. Pachtverträge; Lohnabrechnungen; „Diverse Briefschaften, Damenschreibtisch"; eine Inventarnummer: B Raum II/7. Die Räume sind offenbar einfach durchnummeriert worden. Briefpapier mit geprägtem Monogramm, Kuverts, vorgedruckte Einladungen; erhaltene Einladungen, sortiert nach „angenommen" und „abgelehnt", Rechnungen von Geschäften für Taschentücher, Spitzen, Handschuhe. Eine Ledermappe, nein, ein tragbares Schreibpult, Reisepult, versperrt. Gibt es...? Ja, eine Kartonschachtel „Diverse Schlüssel zu B Raum II/7". Aber keiner klein genug um für diese Schreibmappe zu passen! Sie muss morgen eine Haarnadel mit bringen, vorgebogen. Außerdem wird sie einen Abstecher in die Bibliothek machen. Es wird dort wohl einen Gallelli-Gotha geben um eine Art Stammbaum aufzustellen, wenigstens die letzte Generation. Und wenn nicht, wird sie jemanden in Rom anrufen, dort gibt es einen.

Wäre doch gelacht, wenn es über die Fürsten von Baucina keinen Eintrag gäbe. Oder über die Bonanno. Der Brief hatte ebenfalls ein geprägtes Wappen.
Unter Noten - Hefte und einzelne Blätter - ein Album in Samt mit Messingecken. Ein Fotoalbum! Und hier sind die Fotos untertitelt, mit Namen und Jahreszahl, manchmal auch Anlass. Damit lassen sich wohl einige der losen Fotos im Kuvert zuordnen. „Alessandro Ippolito; 1889" ohne Zusatz ist wohl ein Sohn. Gesicht und Haltung arrogant, brutal, verderbt, obwohl er grade erst um die Zwanzig zu sein scheint. Die Dame beginnt das „diese Petrelli" zu verstehen. Und da ist wieder dieses Mädchen mit den sprechenden Augen: „Elvira Maria-Carmela, 1890. Mit Auszeichnung zurück aus dem Internat". Was die Dame auf den ersten Blick für eine Brosche gehalten hat, ist wohl eine Medaille der Schule. Die Elvira aus dem Brief. Im Album gibt es keine zweite Dame gleichen Namens. Genug für heute, Deckel zu, morgen wird sie weiter sehen. Die Dame hat eigene Arbeit zu erledigen.
Am Nachmittag findet sie im Gallelli tatsächlich die Familie. Alessandro Ippolito ein illegitimer Sohn, aber als Ältester und somit Erbe des Titels anerkannt, 1892 verstorben; ein zweiter Sohn, Carlo Enrico, wie der Vater und alle erstgeborenen legitimen Fonancini, wie ein kurzer Blick zeigt, Offizier, mehrfache Auszeichnungen, 1916 gefallen für König und Vaterland. Keine Nachkommen. Der Vater Carlo Enrico ebenfalls 1892 verstorben; Elvira Maria-Carmela, als M. Agatha, OD, Äbtissin von St. Catarina, gestorben 1942.

Jetzt weiß die Dame, wieso ihr das Foto der jungen Elvira so bekannt vorkam. Das Portrait der Äbtissin in der Galerie des Klosters hat die gleichen Augen und die Ähnlichkeit ist unverkennbar. Ein Bruder des Älteren Carlo Enrico ist kinderlos verstorben. Die Bonannos findet die Dame auch. Es sind Visconti von Giacalone. Ein Vincenzo Matteo, geboren 1856, gestorben 1892; drei Schwestern. Gestorben im selben Jahr wie dieser Petrelli. Jetzt sagt die Dame auch schon „dieser“. Drei Leute im selben Jahr gestorben, alle im Februar, innerhalb weniger Tage. Spanische Grippe? Oder wittert sie da einen Skandal? Wenn sie es wirklich wissen will, muss sie wohl auch die Zeitungen von 1892 durchstöbern.
Am nächsten Tag ist die Dame früh im Leseraum des Archivs, die Einzige. Also die Schreibmappe vornehmen. Das Schloss gibt der Haarnadel willig nach. Ganz zu oberst ein verschlossenes Kuvert, adressiert an Vincenzo Matteo Bonanno. Verschlossen und frankiert, aber nie abgeschickt. Die Dame steckt es ungeniert in ihre eigene Mappe. Das wird sie zu Hause untersuchen, dann sieht man weiter. Briefe von Freundinnen, harmloses Getratsch; ein Antwortbrief von einer Lehrerin mit Bezug auf Fragen nach Vinzenco Gioberti und Empfehlung von Humboldts Schriften in einer französischen Übersetzung. Ein Tagebuch. Soll sie? Ja. Einige zufällig aufgeschlagene Seiten zeigen Einträge zu Lektüre, kluge Beobachtungen zu Botanik, lapidare Bemerkungen zu gesellschaftlichen Ereignissen: „Abendgesellschaft bei den Ma...(Name

unleserlich) – langweilig; die Ms sind lieb aber dumme Gänse". Aber der letzte Eintrag hat es in sich. „Mama, Carlito und ich haben es immer gewusst: Alessandro ist ein gewissenloser Schurke, ein Bube der übelsten Sorte. Mama will einiges in meiner Gegenwart nicht erörtern, nicht geeignet für ein junges Mädchen, ich weiß es aber trotzdem. Sapere aude! Und Wissen schützt. Papa hat Sandro immer in Schutz genommen, weil er ja noch so jung ist. Ha! Früh krümmt sich, wie das Sprichwort weiß. Und, leider muss ich es sagen, der Apfel fällt nicht weit vom Stamm. Papa hat den Kerl nicht nur maßlos verzogen sondern ihm auch ein schlechtes Beispiel gegeben. Jetzt bekommt er die Rechnung dafür, und wir alle mit. Er hatte die Unverfrorenheit mir unter vier Augen, das heißt heimlich, im Garten, wo er mir aufgelauert hat, einen Vorschlag zu machen, wie man die Sache bereinigen könnte. Ungeheuerlich!! Ich hätte ihn am liebsten mit der Gartenschere ermordet. Statt dessen habe ich nur kühl Bedenkzeit erbeten. Die werde ich nützen: Vinzenco und Papa schreiben und mich entziehen. Vielleicht Margarita zu Vinzenco schicken?"

Die eigentliche Arbeit der Dame muss für heute liegen bleiben. Die Neugier treibt sie. Sie verschließt die Mappe und die Kartons. In die Bibliothek, Zeitschriftensammlung. Dann heim und den Brief öffnen. Kleber kaufen, der gewisse Brief ist gut verschlossen.

In den lokalen Zeitungen zu diesem Zeitraum findet sie tatsächlich einige Artikel: Mutmaßliches Duell zwischen zwei Angehörigen des Adels, einer sofort tot der andere nach zwei Tagen; Andeutungen über Schulden und Liebesverhältnisse; der Schlaganfall des alten Fürsten Carlo Enrico, Vermutungen ob durch die Schulden des Sohnes oder das Duell; Verschwinden der Tochter des Fürsten; Spekulationen zum Erbgang, aber der ältere Sohn ist eindeutig vor dem Vater verstorben, also erbt der jüngere.

Hat die Dame sich doch so etwas gedacht. Jetzt noch den Brief für Gewissheit. Den an den Vater hat sicher jemand vernichtet. Familienehre. Als ob das etwas genützt hätte, da es Zeitungen gibt. Aber wer weiß. Über dem Wasserkocher gibt auch dieses Kuvert willig nach.

„Teuerster Vincenzo!
Ich erspare mir alle Förmlichkeit, dafür ist jetzt keine Zeit. Alessandro hat mit seinen schändlichen Umtrieben alle Grenzen überschritten. Er hat nicht nur sein eigenes Geld verspielt, sondern auch den Palazzo und die dazu gehörigen Gründe. Dass er das nicht kann, weil sie fideikommissarisch gesichert sind, war dem Idioten nicht klar. Dem Conte Bassoni wohl schon. Ich habe dir von seinen unwillkommenen Aufmerksamkeiten erzählt und dass er daraufhin nicht mehr eingeladen wurde. Der Bassoni – nomen est omen, basso, ganz unten – hat Alessandro angeboten, ihm die Schulden und die Schande, sie öffentlich zu machen zu erlassen, wenn er mich als Mätresse bekommt! Mehr ist dazu nicht zu sagen. Ich

habe Papa einen Brief mit allen Einzelheiten geschrieben. Da Carlito in der Garnison und nicht zu erreichen ist, verlasse ich das Haus. Papa weiß nicht wohin, nur dir sage ich, dass ich in St. Catarina zu finden bin. Dort bin ich sicher. Ich kann sonst niemand vertrauen.
Ich versichere dich meiner immerwährenden treuen Zuneigung,
leb wohl!
Elvira."

Das ist so eindeutig wie abscheulich. Dass der „Teure Vinzenzo" das nicht so einfach stehen lässt und den Vater ob der Enthüllung der Schlag trifft, ist nicht weiter verwunderlich. Aber woher wusste Vinzenco davon, wenn der Brief nicht zugestellt wurde? Margarita, wer immer das ist, vermutlich die Zofe? Hat Bassoni geprahlt? Gut möglich. Wusste Vincenzo, wohin Elvira geflüchtet ist? Die Dame überlegt. Sie steckt den Brief wieder in das Kuvert und verschließt es. Könnte es sein, dass der seltsame Herr, der immer noch Briefe an Elvira schreibt...? Verrückte Idee! Aber es gibt keine Nachfahren, keine Nebenlinien. Sie steckt den Brief ein und geht spazieren. Lange. Geht in ein Kino, verlässt es nach einiger Zeit wieder, sie kann sich nicht auf die Handlung konzentrieren. Geht nach Hause – und in der Straße, vor dem Tor steht wieder der Mann. Die Dame holt tief Atem und spricht ihn an. „Entschuldigen Sie, sind Sie Visconte Bonanno? Vinzenzo Bonanno?"

„Ja, verehrte Gnädige Frau, der bin ich. Haben Sie eine Nachricht für mich?“

„Ja. Hier ist ein Brief, der aus irgend einem Grund nicht abgeschickt wurde. Ich habe ihn durch Zufall gefunden.“

„Ah!“ Der Herr greift begierig nach dem Brief. „Warten Sie, bitte, vielleicht erwartet man Antwort!“

„Nein, Visconte Bonanno, Elvira lebt hier nicht mehr.“

Als die Dame zwei Wochen später abreist, ihre Arbeit im Archiv glücklich beendet, fragt sie den Portier ob noch mehr von den gewissen Briefen gekommen sind.

„Nein, Signora, und stellen Sie sich vor, jemand hat die anderen Briefe aus meiner Lade gestohlen! Sie sind weg! Der Herr Verwalter hat nur die Schultern gezuckt. Wenn es ihm egal ist, soll es mir recht sein. Eine gute Reise, Signora!“

Unsterbliche

Der Regisseur ist überrascht und beunruhigt. Er hat eine Nachricht erhalten: „Bitte sofort ins Theater, dringend“ Er ist gerade erst heimgekommen. Was ist passiert? Also gut, Taxi!

Kurz darauf, vor dem dunklen Theater, Bühneneingang, zwei Gestalten –Ah, ein Kollege und eine Kollegin. Ja, sie haben auch, der dringende Aufruf, muss was passiert sein.

Aber hinter dem vergitterten Kathedralglas des Bühneneingangs ist es finster. Da, ein Licht, die Türe geht auf.

„Die Herrschaften werden erwartet.“

Ein großer, schon sehr großer Mensch, in die Uniform der Billeteure gezwängt, die zu platzen droht, lässt sie ein. Der Portier trägt normalerweise keine Uniform.

„Sie sind neu hier?“

„Ersatz, der Portier ist verhindert.“

„Gut, wir gehen gleich über die Stiege zur Direktion.“

„Nein.“ Der Hüne steht den Durchgang versperrend im Aufgang. „Bitte auf die Bühne.“

Ein Defekt? Wozu braucht man sie dabei? Aber gut. Den Gang entlang, sie kennen den Weg. Die Türe steht offen, sie treten ein. Notlicht, leere Bühne, die ganze Tiefe. Da sollte doch schon für morgen aufgebaut sein? Als sie hinaus treten flammen drei Scheinwerfer auf, Verfolger, blendend. „Bitte etwas weiter zur Mitte.“ Anweisung aus dem Lautsprecher. Die Scheinwerfer folgen. „Sie können Platz nehmen.“

Tatsächlich, da stehen Sessel. Die waren aber gerade eben noch nicht da – oder? Die drei setzen sich, zögernd. Vor ihnen, vor dem Vorhang, der geschlossen ist, erscheinen zwei Figuren, überlebensgroß. Mein Gott ja, den Größentrick kennen Theatermenschen doch. Von den beiden andern hört der Regisseur ein gelangweiltes „ääh“, denken also das gleiche. Der Bühnenboden senkt sich leicht und vibriert. Wenn sie ihren Ovid gut gelesen hätten - dass sich der Boden vom Gewicht des Olympiers einsenkt, während König Numa ihm abluchst auf Menschenopfer zu verzichten - wüssten die Drei, wen sie vor sich haben. Die da vorne, ein Mann und eine Frau: Er in enger schwarzer Hose, weißem Hemd mit offenem Kragen. Kinnlange Haare, gutes Gesicht, mit Arroganz und einem grausamen Zug um den Mund, herrliche Ambivalenz, könnte als Model gehen. Aber die Schuhe! Weiche Schnabelstiefel. Ballettabteilung? Sie ist gut gebaut, athletisch, schwarze Leggings, weißes langes Hemd mit Gürtel, viel locker aufgesteckte Haare. Sieht ihm irgendwie ähnlich. Harte Augen. Sandalen, bis zur halben Wade geschnürt. Was ist das für ein nerviges Geräusch? Sirrend, brummend, mit Ticks dazwischen. Ach, der Kerl hat einen Bogen über der Schulter und zupft an der Sehne. Also, alles was recht ist. Jetzt sieht der Regisseur, dass die Frau auch einen Bogen hat. Ledernen Armschutz tragen beide.

„Ihr seid angeklagt, euch gegen die Kunst vergangen zu haben.“ Der Bursche, jung – oder doch nicht so jung? Die Stimme ein tragender Bariton. Ein blöder

Scherz, wahrscheinlich von den Theaterfreunden, diesem ignoranten, reaktionären Querulantenverein. Aber der Ton geht zu weit. Er will aufstehen und weggehen. Aber er kann nicht! Er kann sich nicht vom Sessel erheben. Schweißausbruch. Ruhe bewahren.
Sein Kollege schreit „Was soll der Scheiß?"
„Pathetisch und abgeschmackt." Urteilt die Kollegin angeekelt.
„Schweig!" zischt die Frau vorne „Mit dir wird gesondert verhandelt. Du hast gewagt, eine meiner Priesterinnen als Prostituierte zu verunglimpfen. Nicht als Einzelne, die gefehlt hat, sondern so als wäre es in meinen Tempeln so üblich! Alle Tempel der Artemis Bordelle! Schändliche!"
„Die Kunst ist frei!" ruft der Kollege.
„Freiheit endet dort, wo sie die Rechte anderer beschneidet, verunglimpft, verleumdet, beleidigt." Der Bursch, oder was er auch ist, klar und hart. „Meine Schwester hat recht. Ihr Ruf und der Ihrer Dienerinnen ist beschädigt. Ihr Zorn kann fürchterlich sein. Bis jetzt konnte ich sie noch besänftigen, aber reizt sie nicht. Dich betrifft das übrigens nicht," zum Kollegen „misch dich besser nicht ein. Für dich gelten andere Punkte unserer Anklage."
„Die Farce geht langsam zu weit." Mäkelt die Kollegin in gelangweiltem Ton. „Wenn die Dame die Wahrheit nicht vertragen kann, soll sie bleiben wo sie hingehört, im Abfallhaufen der Antike."
Ein Pfeil schlägt direkt vor ihren Füßen ein, vibriert, leicht brummend wie ein Kreisel.

Der Mann legt seine Hand beschwichtigend auf den Arm der Schwester. „Habros, gemach, meine Teure, das kommt von Bildung für alle, wenn sie zur Halbbildung wird. Die Leute können zwar wissenschaftliche Publikationen lesen, aber nicht verstehen."

„Wir sind also Idioten, die keine Ahnung haben, von dem, was wir tun?" Der Regisseur, genervt, auch vom offenen Zynismus des Kerls da vorne.

„Besser hätte ich es nicht ausdrücken können. Diese Einsicht, und dass ihr trotzdem weitermacht, ist nicht gerade eine Verteidigung. Ich lasse mir offen, ob ich die Äußerung als Geständnis werte oder als Frage. Wir geben Euch übrigens Gelegenheit, Euch selbst zu verteidigen, weil sich niemand gefunden hat, der das übernehmen wollte. Absolut. Niemand."

„Habt Ihr bei Kafka abgekupfert oder was?" der andere Kollege mischt sich wieder ein.

„Vorwitziger Freund, der erwähnte Dichter war ein Spätgeborener, der viel von uns gelernt hat. Ich habe ihm eine meiner Musen beigesellt. Das mache ich nicht für jeden. Ist aber eine Nummer zu groß für dich."

„Was genau werft Ihr uns eigentlich vor?" Der Regisseur versucht etwas Vernunft in das nach seiner Meinung Unsinnige zu bringen.

„Du willst die Sache methodisch vorantreiben. Gut. Wir haben Zeugen. Bitte die Herren. Und werft uns nicht vor, dass es nur Männer sind. Das liegt an Eurer Auswahl der Stücke."

Von links kommen ein Herr mittleren Alters, etwas untersetzt, hohe Stirn, brauner Gehrock, und ein Mann, unbestimmbaren Alters, Renaissancekostüm mit Halskrause, schmales Oberlippenbärtchen, Barrett. Von rechts ein kleiner, pockennarbiger Kerl in blauem Frack und weißer Perücke mit Zopf.

Die Kollegin und der Kollege stöhnen und murren. „Mein Gott, historischer Fundus, mehr 1980er geht ja nicht!“ „Abgeschmackt! Vorvorgestrig, anachronistisch.“ „Wo haben sie die denn aufgetrieben.“ Der Regisseur hält sich mit Kommentaren zurück. Ihm ist unbehaglich zumute. Jetzt hat ihn der Herr im Gehrock entdeckt, streckt einen anklagenden Zeigefinger aus und ruft „Da ist er, der Kerl! Hat meinen Faust verunstaltet, dass er net wieder zu erkenne ist!“ Die Kollegin rümpft die Nase „Er sächselt auch noch!“

„Jowoll!“ entgegnet der Herr „Isch red, wie mir der Schnabel gewachsen ist. Reden ist das eine, schreiben was anderes. Und Ihr Herren – und natürlich auch Damen - überschätzt euch maßlos. Diener solltet ihr sein, ihr Spielleiter, Diener des Stückes, da steht alles drin: wie die Szene aussieht, wer wann von wo auftritt, in welcher Stimmung. Ihr habt nichts dazu zu erfinden oder wegzulassen. Na gut, meinetwegen weglassen, die berühmten Striche, sind ja ein paar noch von mir selbst. Ich hab auch nischt dagegen, dass den Mephisto eine Frau spielt, gibt ja Weibsteufel genug. Aber dass de zwee sich anbrülle und ause Faust e Witzfigur wird, en besoffene, das geht gor nischt. Das ist eine Frechheit!“

„Ich berufe mich auf die Freiheit der Kunst, die Freiheit der Interpretation, das angleichen an den Zeitgeist!“

„Ach was, zur Freiheit der Kunst hat die oberste Autorität auf dem Gebiet Euch schon belehrt. Merks dir vielleischt? Außerdem habt ihr Rotzbube nischt zu interpretiere, nur durchzuführe, möglichst getreu. Zu meiner Zeit hat es ein „Copyright“ noch nicht gegeben, aber heute sollte doch jeder wissen, was das heißt und sich dran halten. Ohne meine Zustimmung geht gar nichts! Verstande!“

„Beim Zeitgeist, werter Herr Rat, glauben die Herren offenbar an Gespenster, leibhaftige, die in den Zeitungsredaktionen sitzen und sie verfolgen, wenn sie sich an den Text halten!“ ätzt der Renaissancemann.

„Genau, Durchlaucht von Oxenford, dem Zeitgeist opfern sie alles, sogar ihre Seelen.“

„So gesehen ist Ihr Faust, wie der Herr ihn auf die Bühne stellt, wohl ein Portrait seiner selbst. Nicht wirklich dumm, aber nicht Ihr Stück. Ich hab aber noch schwerer zu klagen. Zu meiner Zeit hieß der Spielleiter noch „book-keeper“ Er hatte den Text, wie eine Partitur, und sich dran zu halten. Statt dessen streichen diese Herren Figuren, lassen Antagonisten von ein und der selben Person spielen – aber nicht, weil zu wenig Schauspieler da wären, sondern weil sie auffallen wollen - stellen Szenen um, stören die Dramaturgie und den Aufbau als hätte sich unsereins nichts dabei gedacht. Abominable! Unverzeihlich!“

„Apropos Partitur!“ mischt sich der kleine Herr im blauen Frack ein. „Eine solche zu lesen, ist der dort wohl nicht im Stande.“ Er zeigt auf den Kollegen „Und wenn er schon keine Noten kennt, sollte er wenigstens hinhören! Dann würde ihm nicht einfallen, aus der Riesenschlange ein Tierchen von 2 Spannen zu machen. Was braucht einer noch gerettet werden, wenn er das Viecherl sowieso schon in der Hand hält und ihm leicht den Hals umdrehen könnte? Dazu Stiegen, die irgendwo in der Gegend herumfahren, Löcher im Boden, ein einziger Kasten statt drei Tore. Ohne den lieben Ricardo und mein Niki-Schatzerl würd auch meine Musik zum Teufel gehen. Und der andere hat meinen Giovanni verunstaltet. Bei der Musik erlaube ich sogar Interpretationen. Die Instrumente sind seit meiner Zeit so viel besser geworden. Aber solche wie die beiden da, sorgen dafür, dass meine Musik nicht mehr zur Handlung passt. Nur mein Ruf bewahrt mich davor, dass die Leut‘ mich für einen kompletten Trottel halten. Vielleicht auch, weil sie nicht mehr zuhören. Aber Ihr helft dazu, dass sie Augen und Ohren trennen, trennen müssen, wenn sie nicht verrückt werden wollen.“

„Ihr habt die Zeugen gehört. Habt Ihr dazu etwas zu sagen? Etwas, das wir noch nicht gehört haben?“ Der Ankläger übernimmt wieder.

„Ach was,“ meint der Regisseur resigniert „Ich bekenne mich schuldig, Ihr lasst doch nichts anderes gelten. Auch nicht, dass sich die Zeiten geändert haben genauso wie die Zustände am Theater und das

Publikum. Ihr habt Eure Brillen auf, ich die meine, also macht was ihr wollt."
„Das klingt nicht gerade reumütig." Stellt der große Bursche trocken fest. „Wir nehmen es zur Kenntnis."
„Schuldig? Ha! Den Teufel tu ich!" ruft der Kollege „Ich bleibe dabei, ich habe das Recht, euren Scheiß zu verändern. Siebzig Jahre nach Eurem Tod, ist euer Kram gemeinfrei, gemeinfrei, hört Ihr? Und das abgeschmackte, altmodische Zeug kann von uns Heutigen auf Zack gebracht werden! Jawoll! Was wollt ihr denn dagegen tun, ihr Gestrigen, Ha? Außerdem seid ihr doch bloß ein paar Reaktionäre vom Freundeverein, demnächst gibt's euch als Verein nicht mehr, das Theater dreht euch das ab, eben weil ihr zu verzopft seid. So!"
„Auch das haben wir protokolliert."
„Was ist jetzt mit dem Verbrechen gegen meinen Ruf und den meiner Schutzbefohlenen?" Ruft die junge Frau.
„Ypomoni! Geduld, Schwesterchen, wir sind ja schon dabei. Der Herr Rat ist ja auch dazu als Zeuge zu hören."
„Als Mitankläger, nicht nur als Zeuge! Was hab ich dran gearbeitet und geschuftet, diese Iphigenie mitgeschleppt nach Italien, immer wieder umgeschrieben. Sauarbeit. Und dann glaubt diese Person, sie kann es besser. Ja soll se doch! Ich hab ja kein Monopol auf das Thema. Aber bitte, eigenständig, nischt meine Sach verunstalten, sich auf mein Name berufe und das Oberste zu Unterst kehre!"

„Richtig, aber das hat noch nichts mit der Beleidigung der Person, der Einrichtung und all meiner Schutzbefohlenen zu tun. Nein, ich zwinge niemanden an mich zu glauben, niemanden mir Opfer zu bringen. Sie kann auch gerne behaupten es gibt mich nicht. Aber meine Priesterinnen zu Huren stempeln geht zu weit! Was für eine dreckige Fantasie. Aber auch die darf sie haben und aufschreiben, solange sie mich und die Meinen nicht damit in Verbindung bringt. Rechtfertige dich!"
„Ich denke nicht daran." Die Kollegin wirkt noch immer gelangweilt. „Wenn eine hysterische Kuh auf einer Bühne herumschreit geht mich das nichts an. Und wenn du fertig bist, können wir dann endlich gehen?"
Die junge Frau greift nach ihren Pfeilen – die der Bruder außer Reichweite hält.
„Nicht hier, Schwesterchen. Ich kenne dein Temperament. Sind wir uns über den Schuldspruch einig?" Er blickt in die Runde der nickenden Zeugen. „Gut. Was das Urteil für die Dame angeht- was hältst du von einem Eber statt der Pfeile?"
Die Augen der Schwester leuchten auf. „Ja! Zeitversetzt, im ehemals kaiserlichen Jagdreservat meinst du? Sehr gut." Sie wendet sich an die Kollegin „Wenn du ihn triffst, den Eber, denk daran, er kommt von mir!"
Jetzt schwingt sich ein dritter Kerl im Trainingsanzug vom Schnürboden. Kappe und seltsame Schuhe. Geflügelt? „Chaire ihr beiden! Papa schickt mich, ob ihr

bald fertig seid, er will speisen. Und Ihr sollt eure Zeugen mitbringen, sind eingeladen. Habt Ihr die drei da hinten das Fürchten gelehrt? Oh weh, Halbschwester, ich seh‘ dir an wie es ausgegangen ist. Verstockte Sünder. Na, geht schon voraus, ich räume hier auf.“

Wie er nach Hause gekommen ist, weiß der Regisseur nicht. Aber als er am nächsten Tag aufwacht, ist er müde, nur müde. Schleppt sich durch den Tag als hätte er Blei an den Füßen, weiß nicht ob er geträumt hat. Die Mittagsnachrichten informieren über eine Tragödie: Im ehemaligen kaiserlichen Jagdrevier ist eine Frau von einem Wildschwein angefallen und getötet worden. Er dreht den Fernseher ab. Er hat nicht geträumt, lässt sich von seinem Arzt Burnout attestieren, sagt die nächsten Regiearbeiten ab, fliegt zur Erholung nach Spanien, mietet ein Bauernhaus. Nach zwei Wochen schlägt er wieder eine Zeitung auf. Der Kollege, wird im Kulturteil berichtet, ist nach einem Zusammenbruch in der Nervenheilanstalt. Oh.

Er wird hier bleiben. Ein Buch schreiben. Über die Kaktuslaus - Dactylopius coccus

Nebel

Der Stadtberg mit den Stiegen liegt im Nebel. Ein paar Stunden zuvor noch Sonne zwischen Wolken, weiter Blick über die große Stadt tief unten und den Fluss, jetzt zieht der Nebel immer dichtere Schleier, kriecht von unten heran, senkt sich aus den Wolken von oben. In den ziehenden, drehenden Schwaden gehen, vorsichtig abwärts, über die Stiegen, dem Geländer in deren Mitte folgend. Die Laternen zwischen diesen Geländern flammen auf. Freundliche, leitende Lichtpunkte sollten sie sein, doch sie verdeutlichen nur den Nebel, die verhüllte, verschleierte Sicht. Menschenleer auch, der Nebel treibt scheint's die Flanierenden nach innen, die Eiligen in die breiten Straßen. Doch da, heftige Worte einer Frau „Saukerl, verpiss dich!" eine Ohrfeige klatscht, Schritte laufen auf den Stiegen, „Marie-Salope!", Schlampe, ruft ein Mann hinterher. Ein roter Pferdeschwanz wippt über den laufenden Schritten stiegenabwärts bis der Nebel ihn und die Frau und die Schritte verschluckt. Geräusche, spärlich, wie in Watte verpackt.
Ach, aufbrechen, sich einschiffen zu sonnigen Gestaden, Alexandria oder Cypern, vielleicht gar Ninive oder Babylon? Erst einmal immer geradeaus, nur an den Kreuzungen mit den breiten Boulevards etwas schräg die Richtung anpassen. Hier ist der Nebel lichter, der Wind, der durch die langen Straßen weht, kann ihn zerstreuen, die Geräusche wieder anschwel-

len lassen. Wohin jetzt? Zum riesigen, alten Wolfsbau, symbolisch an den Nil oder nach besagtem Ninive und Babylon? Oder vom Gare d'Orsay aufbrechen in tropische Gegenden? Erst unter den Augen der Jeanne d' Arc ist es nötig sich zu entscheiden. Näher zum Fluss wird der Nebel wieder dichter, aber Jeanne glänzt durch die Schleier, zeichnet Regenbogen in die Schwaden. Die Sonne will durch den Nebel, es flirrt und leuchtet, zaubert dunkles Grau zu blendendem Weiß, Rosa, Türkis. „Pardon!" Im Nebel angestoßen. „De rien" Der Mann zieht den Hut. Den Hut? Ja, und er ist nicht der Einzige, viele Huttragende hier. Vielleicht wird ein Film gedreht und die Statisten haben noch Pause. Gut, dann lieber zum Gare d'Orsay. Auf der Pont Royale scheint eine Oldtimer-Rally zu sein. Oder gehört das auch zum Film? Es sind auch Pferdekutschen dazwischen. Aber es gibt keine Absperrungen, keine Locationmanager, die den Durchgang für Unbeteiligte hindern.

Im Eingangsbereich des Orsay steht die junge Frau mit dem roten Pferdeschwanz. Ist sie das? Aber die Haare sind jetzt sorgfältig aufgesteckt. Ein Kuvert. „Bitte Madame, die Billets, Reservierungen und die Gepäckscheine, Kurswagen über Orleans nach Clermont-Ferrand. Das Gepäck wird ins Abteil gebracht. Der Zug geht aber erst in zwei Stunden. Wir können im Empfangsraum des Hotels warten? Dort werden auch Erfrischungen serviert." Clermont-Ferrand via Orléans? Warum nicht. Vielleicht von dort weiter nach Marseille. Ein Mann mit gezwirbeltem Schnurrbart, auch er in Mantel und Melone, nähert sich. Das rothaarige Mädchen knickst, grüßt M. l' Inspecteur, antwortet auf seine Frage. „Danke, alles ruhig, wir fahren in zwei Stunden und sind bis dahin im Aufenthaltsraum für Damen." Der „Inspecteur" ist sehr zufrieden. „Ja, ja, Louise, sehr gut, im Aufenthaltsraum, bis Sie fahren ist alles in Ordnung." Ah, sie heißt also Louise. Aber was soll in Ordnung sein? Was stimmt denn nicht? Egal, der Aufenthaltsraum ist sehr mondän und angenehm. Die Damen sind unter sich, nur wenige mit einer Begleiterin. Die Zofen und andere Bedienstete haben einen eigenen Aufenthaltsraum neben dem Bahnsteig. Eine heiße Schokolade nach dem Nebelgang tut gut, Blick vom ersten Stock auf den Bahnsteig, unterhaltsam. Louise scheint etwas nervös. Nippt nur an ihrer Schokolade, rührt und rührt während sie hinunter zu den Bahnsteigen sieht. Ein Zug steht da, nimmt Fahrgäste auf und Gepäck, Träger mit und ohne Gepäckwägen eilen zu den Waggons, dazwischen ein paar Nichtstuer, Gaffer. Was für eine schöne Halle! Ein Kind mit einem großen Hund hüpft und läuft auf eine Frau zu, die offenbar zur Eile mahnt. Ein Mann mit hochgeschlagenem Kragen, irgendwie unentschlossen, geht die Reihe der Waggons entlang, blickt auf die Nummern, schaut in ein Fenster des Warteraums, schiebt die Hand in die Jacke. Plötzlich ist er umringt von Männern, Louise presst die Hände auf den Mund. Zwei Polizisten kommen dazu, nehmen den Mann in ihre Mitte und die ganze Gruppe verschwindet zum Ausgang. Louise

nimmt die Hände vom Mund. Legt sie aufs Herz und atmet tief durch. Lächelt. Kaum zwei Minuten hat das alles gedauert. „Merci Madame!“ steht auf, geht. Wohin? Dank wofür?
Aufblicken - Eine herbstliche Allee entlang, die nach einer ebenen Strecke abwärts führt, hinter den Allee-bäumen kleine Häuser, strahlend blauer Himmel, kein Nebel. Alfred Sisley *Die Straße in Louvecienne*. Bin ich vor dem Bild mit offenen Augen eingeschlafen? Ach, lang genug davor gesessen. Aber Rasten nach dem Weg vom Montmartre ans andere Seineufer war schon angenehm. Weiter jetzt zu Renoir, Degas und den Dschungeln von Rousseau.

Die zwischen Licht und Dunkel

Wer erkennt Hekate ?

Was für eine Frage! Heute kennt mich keiner mehr, auch wenn ich noch da bin. Die paar Ausnahmen zählen nicht. Aber ich bin die Thronende mit Löwe und Wolf, Titanentochter, die fernhin Mächtige, die euch die Körbe und Krüge füllt und die Herden vermehrt. Auch in Dreigestalt mit Fackel trete ich auf. Ich muss lachen, wenn Theologen und andere Forscher sich die Köpfe verrenken um die Dreigestalt zu erklären. Es ist so einfach: Ich bin der Dreitakt der Drescher: tak-tak-tak, tak-tak-tak; der Dreitakt der Tanzenden im Mysterienreigen zum Dank für die Ernte, zur Bitte um Segen. Der Dreitakt rundet die Welt, macht den Kreis zum Kreis. Die Drei und ein kleines Geheimnis, das ich mir vorbehalte. Soviel Ihr auch rechnet, es wird nie ein Ganzes, glatt Teilbares. Und diese Drei braucht ihr auch für Ellipsen, damit die Planeten ihre Bahnen ziehen können. Und nein, für Werfen und Schleudern bin ich nicht zuständig. Ach ja, beinah hätt ich's vergessen: Selbst das hochgerühmteste Versmaß, der König der Reime, Hexameter, hat sechs, also zwei mal drei Schläge.
Meine Fackel bringt Licht ins Dunkel der Köpfe, oder sollt' es zumindest. Doch manches Dunkel ist dicht, auch von mir nicht zu erhellen.

Vermisste, Verlorene finden und zurück ins Helle führen ist dagegen einfach, dazu reicht mein Blick. Es war auch nicht schwer zu wissen, dass Hades, mein dunkler Cousin, das Frühlingsmädchen zu sich gelockt hat, nicht entführt, wie die Sagen behaupten. Sie ist seinem Werben gefolgt. Der kleine Lümmel der Aphrodite hatte da wohl seine Finger im Spiel, der verzogene Racker. Da kann ich nichts ausrichten, nur vermitteln.
Auch dass Ihr Unglückseligen Euch von Hephaistos die brüllenden Ungeheuer habt andrehen lassen, die Ihr Mähdrescher nennt, konnte ich nicht verhindern. Dichtes Dunkel, wie schon gesagt. Kein freundliches tak-tak-tak mehr sondern kaum merkbar wirksame Vierzahl, allzu leicht teilbar in zwei.
Wehe, wenn der Dreitakt sich ändert zum zweitaktigen Stampfen kriegführender Horden, die über die Felder zieh'n und den Dreschern nichts zu tun übrig lassen! Ich selbst habe mich kämpfend gegen die Meinigen gekehrt, ein einziges Mal, eben gegen das zweitaktige Stampfen, mit der Fackel den Titanen besiegt ehe er fiel von Herakles Hand. In Stein geschlagen könnt Ihr es heute noch sehen.* Meinen Thron habe ich dafür verlassen, das war der zu zahlende Preis, mich zurückgezogen an die Schwellen und Weggabeln, aber noch immer im Stande zu den Bitten zu nicken – aber auch zu verweigern und zurückzunehmen, wenn Gier das Maß übersteigt.
Doch ich bin noch da, in vielfacher Gestalt, fast immer mit Wölfen, zu Hunden gezähmt. Mein Blick geht

in die Tiefe, bleibt nicht hängen an Fassade und Tand. Zu Unrecht versucht man mich deshalb zu verleumden, den Sack mit Gaben zum Buckel, den Dreitakt als Hinken zu deuten. Die Zeit ist vorläufig vorbei. Für wie lang? Man wird sehen.
Lasst euch fangen vom Dreitakt und bleibt ihm treu, dann wird alles gut.

* Pergamonaltar, Berlin

Waldwandern

Der Bus rattert aufwärts. Erst noch an Häusern vorbei, die sich ducken in eine Mulde, ein kleiner Weiler. Dann eine große Wiese, mit einem einzelnen, großen Baum, königlich, schon bunt gezeichnet vom nahenden Herbst. Ab dann hinein in ein Märchenwaldland, hie und da gelb geflammt, ein Vorzeichen goldenen Leuchtens, der Sommer war heiß. Die Straße am Rand begleitet von Glockenblumen und Farnen. Zuweilen ein Holzstoß und durch die Bäume eine Ahnung von Lichtung. Sonne fällt streifig durch die Stämme und auf die Straße. In den Kehren und Kurven rüttelt der Bus die Fahrgäste gegeneinander oder gegen die klappernden Fenster. Es fahren nicht viele um diese Zeit: Wochentag, früher Nachmittag. Einige sind schon bei dem Weiler unten ausgestiegen, andere fahren weiter zu den Dörfern auf der anderen Seite des Bergs. Haltestelle an der Abzweigung zur Theresienalm. Drei Leute steigen aus, zwei Männer und eine Frau, zum Wandern gerüstet, mit Rucksäcken und festen Schuhen. Der Bus brummt davon, schnell

noch ein schwarzes Wölkchen ausstoßend, das ein kleiner Windstoß zerteilt.
Die Wanderer strecken sich.
„Ah, was für ein alter Rumpelkasten!“ knurrt einer der Männer.
„Der fährt nur als Ersatz, wenn die anderen zum Service müssen. Alt aber zäh.“ Lacht die Frau. „Lass uns den Weg zur Theresienalm genießen, der ist fast eben. Danach geht es bergab, zum Teil heftig.“
„Da schau her!“ ruft der Dritte nach einigen Metern „Da drüben, der Ameisenhaufen! Wartet, das muss ich fotografieren!“ Er hat recht. Ein gut kniehoher Bau, abseits vom Weg am Waldrand, in der Sonne gelegen, eifrig bekrabbelt von roten Waldameisen. Der Mann geht nur wenig näher. „Die sonnen sich, fühlen sich ungestört! Das werden schöne Aufnahmen.“
Die Frau hebt ein paar zierliche Ästchen mit kleinen Zapfen auf. „Lärchenasterl! Als Kind hab ich eine Brosche gekriegt, in der Johannesbachklamm, eine lackierte Holzscheibe mit so einem Zapfen. Die hab ich lange aufgehoben. Irgendwann ist sie kaputt gegangen oder ich hab sie verloren.“
„Und die Äste nimmst du jetzt mit?“
„Ja, und mehr, wenn ich welche finde. Die sind hübsch in einem Herbstgesteck.“
Das Handy eines Mannes klingelt in seiner Jacke.
„Geh, Gottfried, muss das sein? Im Wald!“
Gottfried hat das Handy hervorgeholt, abgestellt und drückt noch ein wenig daran herum „Nein, eh nicht,

ich hab nur vergessen es stumm zu stellen. Passt jetzt. Aber ich hab die Wanderapp drauf, da ist der Weg gespeichert."
„Na, du wirst dich wundern! Im Mühlgraben ist null Empfang, da nützt dir deine App gar nichts. Hab ich recht Lena?"
„Ja, genau. Ich hab die Wanderkarte mit. Die werden wir uns auf der Theresienalm noch einmal anschauen und gut einprägen."
„Geh, kein Empfang, das gibt's doch gar nicht mehr! Karte auf Papier ist doch Steinzeit!"
„Oho! Steinzeit und Papier -"
„Ja, Martin, ich geb es zu, nicht alles, was hinkt ist ein Vergleich, aber ihr wisst, was ich meine. Papierkarte ist nicht mehr zeitgemäß."
„Lass uns die Diskussion vertagen. Gottfried, du probierst deine App im Mühlgraben aus und dann reden wir weiter. Bis dahin sammle ich weiter Lärchenzapfen am Ast und Martin fotografiert seine Ameisen."
„Nicht nur Ameisen. Schaut einmal zurück: Die Kurve die der Weg macht, der Felsbrocken und der eine hohe Baum, der seinen Schatten über den Weg wirft. Was für ein Bild!"

Einfache Klappsessel aus Eisen und Holz auf Kies, massive Tische, ein weiter Blick über eine große, abfallende Wiese und hügeliges Waldland, die Karte ausgebreitet zwischen Apfelmost und hausgemachtem Frufru – saure Milch mit Himbeeren und Brombeeren aus dem Wald – zwei Köpfe über die Karte

gebeugt. Gottfried hat sich demonstrativ zurück gelehnt und wirft nur mitleidige Blicke auf die beiden. Lena hat auch einen Kompass dazugelegt. Sie kommentiert den Weg. „Den Wiesenweg bis zum Wald, da gibt's nur die gelbe Markierung, die rote Strecke zweigt erst ein Stück später ab, ist aber deutlich. Gelb geht gerade weiter. Erst einmal immer bergab, manchmal quer zum Hang. Hinunter zur Brücke. Immer mehr oder weniger Nordost. Danach eine zeitlang bergauf, heraus aus dem Mühlgraben, wechseln zwischen zwei Grad Nord und acht Grad Ost. Wenn wir heraußen sind geht es eine Weile am Kamm entlang. Obwohl ‚Kamm' ist übertrieben, es mugelt dann so vor sich hin, aber wir gehen am Rand vom Mühlgraben bis der Weg dann nach Grundrichtung fünf Grad Nordost geht, aber in weiten Serpentinen, weil er sonst zu steil wäre für die Kategorie. Kreuzt einmal den roten Weg und einmal eine Forststraße. Schließlich kommen wir beim Spazierweg zwischen Gemeindestraße und Spielplatz heraus. Alles klar?"
Martin nickt. „Du kennst den Weg anscheinend."
„Kennen ist zu viel gesagt, ich bin ihn einmal gegangen, mit einer Gruppe. Aber nicht zu allen Abschnitten hab ich Bilder im Kopf."
Die Wirtin tritt zu ihnen: „Wann die Herrschaften den gelben Weg gehen wollen, sollten's aufbrechen. Es Wetter halt net aus. Die Sunn sticht und drüben, überm Zweyerkogel ziagt a Dunst auf, des verhaßt nix guats." Die Drei nehmen den Rat an, zahlen, packen zusammen und brechen auf.

Den Wiesenweg entlang und am Baum am Waldrand deutlich die gelbe Markierung. In den Wald hinein. Hier ist es kühler, auf der Wiese war die Wärme schon etwas drückend. Hohe Stämme zwischen denen Lichtfinger sickern, gelbgrün schillernd, Blätterschatten auf den Weg streuend. Auch hier Farne, zuweilen ein Felsbrocken, viel Unterholz und Moos. Es riecht feucht und würzig. Kleine Trampelpfade zweigen immer wieder vom Weg ab. Wildwechsel? Oder mutwillige Wanderer? Martin findet immer wieder Motive für seine Kamera. Aus einem Baum tönt ein kräftiges Schnarren, zwei Mal, dann noch zwei Mal.

„Na, jetzt hat er uns entdeckt!“ lacht Lena „Hat sich ohnehin Zeit gelassen.“

„Wieso, was war das?“ Will Gottfried wissen.

„Na ein Eichelhäher. Jetzt hat er alle gewarnt, dass sich hier Zweibeiner herumtreiben.“

Es geht weiter bergab, einmal, sanfter, einmal steiler, mehr Strauchwerk am Wegrand. Auf einmal bleibt Gottfried stehen, schnuppert „Da sind Pilze!“ verkündet er. „Wartet hier und unterhaltet euch, dass ich euch hören kann.“ Und ist schon zwischen den Büschen verschwunden. Man hört ihn rascheln und knacken, nach einer Weile ein fröhliches „Heureka!“

„Na Gott sei Dank. Lohnt es sich?“

„Und wie! Ha, so ein Platzerl!“ nach einer Weile „So, wo seid ihr?“

„Immer noch da!“ –

„Und der Gottfried wird wurlert ganz,

wann er Pülz wittern tuat.
Und er brockt alle Schwammerl o
bis er voll hat sein Huat!“

Martin singt es als Gstanzel. Aber da ist Gottfried schon wieder am Weg. „Ja, merk dir die Strophe! Schauts her!“ und er zeigt ein Leinensäckchen, ehemals Reis enthaltend, jetzt gefüllt mit Steinpilzen. „Na, was sagt ihr jetzt? Seid‘s heute Abend eingeladen zu Spaghetti mit Steinpilzen. Oder wollt ihr sie lieber gebacken? Dabei hab ich nur die Mittelgroßen genommen, die ganz kleinen und die schon zu großen stehen gelassen.“ Er packt sie vorsichtig zu oberst in den Rucksack. Schließlich kommen sie auf den Grund des Mühlgrabens und zu der angekündigten Brücke.

„So, und jetztschau einmal auf dein Handy, lieber Gottfried.“

„Tatsächlich, nicht ein einziges Stricherl! Ich nehm‘ alles zurück. Aber hier kommt ja nicht einmal die Sonne durch.“

Sie schauen nach oben „Ja,“ meint Martin „aber nur weil sie nicht mehr scheint. Wolken zwischen den Wipfeln. Die Wirtin hat recht gehabt.“

Sie steigen aufwärts. Der vorhin noch so strahlende Wald wirkt jetzt düster. Einmal halten sie an. Eine Blindschleiche zieht über den Weg, ohne Hast, ein gewaltiges Ding, dunkelgrau-kupferfarben changierend, will kein Ende nehmen.

„Kein Foto?“

Martin schüttelt den Kopf. „Kein Anfang, kein Ende, am Foto fehlt die Bewegung, würde aussehen wie ein Stock. Besser nur schauen und staunen."
Weiter aufwärts. Ein Nebelstreif hängt zwischen den Stämmen, dann ein zweiter, noch einer, mehr je weiter sie steigen. Martin fotografiert wieder. Als der Weg aufhört zu steigen und wellig am Abhang entlang schwingt haben die Streifen sich vereint, bilden zusammenhängende, dichte Schleier.
„Wir sind, scheint's, in den Wolken. Darüber wär' besser."
Sie halten an um ihre Regenjacken überzustreifen. Der Nebel ist feucht, nässt, an den Farnen bilden sich Tropfen. Weiter. Der Nebel wird dichter, der Wald auch. Der Weg steigt wieder an.
Lena bleibt stehen. „ Der Kompass zeigt 30° Nordwest. Wir sind falsch. Ich hab auf die Markierung achtgegeben, aber keine gesehen. Trotzdem, die Differenz zwischen Karte und Kompassanzeige sagt wir gehen in die falsche Richtung."
Gottfried versucht sein Handy, immer noch kein Empfang.
„Und des Handy, des nutz uns nix,
weil es hat kann Empfang,
und schön langsam wird's enterisch,
weil der falsche Weg is z'lang."
„Martin, bitte, dein Galgenhumor ist hier nicht angebracht!"
„Geh bitte, wir gehen halt zurück. Aber ich glaube, wir sind richtig. Nimm die Karte und vergleiche.

Wenn wir auf dem Abschnitt mit den Serpentinen sind, kann die Richtung stimmen. Schau, ob das Gelände nicht kurzfristig aufwärts führt."

„Wenn du meinst." Lena nimmt die Karte aus dem Seitenfach ihres Rucksacks. Aber es stimmt: Bei den Serpentinen gibt es keinen Anstieg. Sie müssen ohne es bemerkt zu haben auf den roten Weg abgebogen sein. Also zurück, langsam und aufmerksam um die Gabelung diesmal nicht zu übersehen. Soweit man überhaupt im Nebel sehen kann, achten sie auf die Wegränder und suchen die Bäume nach einer Markierung ab. Sie kommen an eine Stelle wo sich der Weg etwas erweitert, ein Felsbrocken an der Seite.

„Also da sind wir nicht vorbei gekommen, ganz bestimmt nicht."

„Sag, das gibt es doch nicht! Wir gehen einen Weg entlang, den Weg wieder zurück und kommen an eine Stelle, die wir nicht kennen. Und da war keine Abzweigung! Wenn wir einfach quer durch den Wald rennen würden, wäre es verständlich, aber so nicht!"

„Der Kompass zeigt, dass wir genau in die Entgegengesetzte Richtung von vorhin gehen. Wir müssten hier vorbei gekommen sein."

„Also, schlimmstenfalls gehen wir querwaldein, dem Kompass nach. Irgendwo werden wir schon heraus kommen."

„Durch die Wä-hälder, durch die Au-hen, zog ich lei-hichte-hen Sinns da-hin - "

„Martin, bitte!"

„Was soll ich denn singen, den Erlkönig? Wegen Nebel? Hast Angst vor der Wolfsschlucht? Sing lieber mit!"
„Ich kann nicht singen!"
„Weiß ich, aber tu so als ob, es hebt die Laune. – *Alles waaas ich konnt' erscha-u-en, war des si-hichern Rohrs Gewinn -"*
„Sei still, war das ein Hund?" Sie lauschen, ja, ein kurzes raues Bellen.
„*Ho-aho*!" Martin. Ein neuerliches Bellen antwortet. Dann kommt ein Hund aus dem Nebel vor ihnen, ein großer, zotteliger Hirtenhund, umkreist sie, läuft wieder in die Richtung, aus der er gekommen ist, kehrt um, umkreist sie wieder, bellt. Offenbar will er sie in die Richtung treiben, wie drei Schafe, die sich von der Herde entfernt haben.
„Na kommt's, folgen wir ihm, er weiß es sicher besser."
Aber da kommt auch eine Frau aus dem Nebel, Lodenumhang, Filzhut mit hängender Krempe. „Jawohl, tut er, griaß eich. Brav, Pastor! Habt's euch verrennt im Nebel? Kommt's mit, i bring euch zur Straßen." Mit ihr ist ein zweiter Hund gekommen, schlank, schwarzweiße Flecken, wie ein Panther, dunkler Kopf, Schlappohren, springt vergnügt herum.
„Ja," sagt Lena etwas kleinlaut, „trotz Kompass und Karte."
„Ka wunder. Vor zwei Wochen ist a Teil vom Weg in den Mühlgraben abg'rutscht, und der neue Weg geht anders. Da stimm ka Karten mehr. Und die Markie-

rungen sind noch net ersetzt. Hauptsach‘, der Pastor hat euch g‘hört. Er is a Hirtenhund, a Bergamasker, mit Erfahrung. Der andere, der Joker, is noch z‘jung und außerdem a Spürhund. Kommt’s!“ Sie geht voran, ein eigenartig schwingender und rhythmischer Gang, die Hunde um sie herum, Pastor macht um die drei Wanderer immer wieder eine Schleife. Martin beginnt zu summen, einen Walzer, *Die Schönbrunner*. Die Frau lacht „Ja, das is recht, so geht si‘s leichter. Auch wenn das da net Schönbrunn ist.“ Eine Weile folgen sie dem Weg, dann auf einen Steig oder Wildwechsel biegend, schmal, die Äste ziehen an den Kleidern, wieder ein Weg, bergab jetzt, sie überqueren einen anderen Weg, noch ein enger Steig. Der Nebel jetzt etwas lichter, ein breiterer Weg mit Wagenspuren – Forststraße? Kurz darauf sind sie an einer asphaltierten Straße, Häuser, Lichter. „Da vorn ist die Haltestelle vom Bus. Geht in ara halben Stund oder so.“

„Vielen Dank! Wie können wir uns erkenntlich zeigen? Es war sicher ein ordentlicher Umweg für Sie!“

„Aber gar net. I muass eh mit die Hund‘ raus. Und dem Burgermaster werd i Fiaß machen wegen die Markierungen. Aber ihr könnt‘s an die Zeitungen schreiben, was euch passiert is. Kann net schaden. Pfiat euch!“ Und weg ist sie, zurück in den Forstweg, die Hunde hört man noch einmal.

Die drei setzen sich in das Wartehäuschen, froh über Dach und Bank. Lena schüttelt ungläubig den Kopf. Holt noch einmal die Karte hervor, versucht zu rekon-

struieren, wie sie gegangen sind. Kurz darauf kommt ein älterer Herr in Lodenjoppe und Lederkappe. Noch ein Fahrgast für den Bus? Als er die Drei sieht meint er „Ah, hat Euch die Kathl aufklaubt?"
„Eine Frau mit zwei Hunden, ja, zum Glück. Kein Handyempfang, die Karte falsch, ohne sie würden wir noch im Wald hocken."
„Sie wohnt da oben im alten Forsthaus, is viel unterwegs und kennt die Gegend wie ihr Westentaschen. Wo hats euch denn g'funden?"
„Das ist es ja, ich weiß es nicht!" erklärt Lena noch immer verstört. „Ich versuche grade, auf der Karte herauszufinden, wo wir uns verirrt haben. Der Weg oben am Mühlgraben ist abgerutscht, hat die Dame gesagt, und verläuft anders, aber nach meinem Kompass war dort, wo wir waren, überhaupt kein Weg!"
„Ja, des stimmt, bei dem Unwetter vor zwa Wochen is a Teil vom Weg in Graben grutscht. Den Bach hams auch freibaggern müssen. Aber wia der Weg jetzt geht, waß i net, i war seither noch net oben. Schau, da kommt schon da Bus!"
Er begrüßt seine zwei Enkel, die aus dem Bus steigen und geht mit ihnen weg. Die drei Wanderer steigen ein, schaukeln bergab, in beleuchtete Straßen, bekannte Gegenden, keine Spur mehr von Nebel.

Nachts auf der Straße

Ein Auto zieht langsam eine Runde, noch eine. Sucht einen Parkplatz? Licht, Schatten, Licht, Schatten,

Hauseingänge, beleuchtete Klingeltafeln. Nur hin und wieder noch ein erleuchtetes Fenster. Die vorhandenen Plätze sind nicht groß genug? Oder nicht passend? Der Hund im Fond muss aussteigen können. Ah, da ist ein Platz und bequem, vor einem kleinen Park. Handbremse, Zündung aus. Licht aus, Gurt auf. Warten. Ein Mann kommt am Gehsteig entgegen. Er geht aus dem Kreis der Straßenlaterne in den Schatten vor dem nächsten. Da stürzt etwas aus dem kleinen Park, wirft sich auf den Mann. Die beiden schwanken rangelnd. Der Hund im Fond des Wagens knurrt. Die Frau schaltet das Licht wieder ein, Fernlicht. Die große Gestalt, die aus dem Park gekommen ist reißt geblendet einen Arm vor die Augen. Das nutzt der Mann um einen Haken punktgenau am Kinn des anderen zu landen, der daraufhin zu Boden geht. Die Frau nimmt das Fernlicht zurück, steigt aus, lässt den Hund aus dem Auto, eine Dogge, führt ihn am Halsband zu dem am Boden Liegenden. „Bewachen, Hestia!" kommandiert sie. Der Hund setzt die Pfoten auf die Brust des Mannes, niest. „Brav, ich weiß er stinkt nach Alkohol, ist nicht für lang." Der Angegriffene spricht in sein Handy, hat die Polizei gerufen. Danach wendet er sich an die Frau: „Danke, das Licht war Gold wert. Aber ich denke, wir sollten den Klotz in Seitenlage drehen und die Hände fesseln. Wer weiß was dem Tunichtgut einfällt, wenn er zu sich kommt."

„Seitenlage ist gut," meint die Frau, „aber wenn er aufwacht und in die gefletschten Zähne meiner Hes-

tia schaut, fällt ihm nix ein.“ Die beiden drehen den Mann vom Rücken auf die Seite, der Hund nimmt wieder seine Wachposition ein, diesmal die Beine auf beiden Seiten des Mannes. „Wie lange wird die Polizei brauchen?“
„Das ist eine gute Frage. Sie schicken gleich wen, hat‘s geheißen. ‚Gleich‘ ist ein dehnbarer Begriff.“
„Kennen sie den Kerl?“
„Ja und nein. Die Familie wohnt im Nebenhaus, im Erdgeschoß, drei solche Prachtstücke und die Eltern. Obwohl, der Vater zählt nur beim Krach machen. Da geht die Polizei ein und aus: Ruhestörung, Rauferei. Die Nachbarn rufen an, wir haben uns nie eingemischt, mein Bruder und ich, aber trotzdem haben sie es auf uns irgendwie abgesehen.“
„Mhm, das Feindbild solcher Leute: Schriftsprache, gepflegt angezogen, gehen nicht mit ihnen ins Wirtshaus, werden dort auch nicht gesehen, halt das, was man ‚was Besseres‘ nennt.“
„Ja, vielleicht. Vielleicht halten sie uns auch für ein schwules Paar. Wir sehen uns nicht sehr ähnlich, mein Bruder und ich, nur wenn man genau hinschaut. Er geht nach dem Großvater, ich nach der Mutter.“
„Der Haken war aber gekonnt. Boxen Sie?“
„Nein, ich bin Ruderer. Aber mein Bruder hat eine zeitlang geboxt, Fliegengewicht.“ Er lacht „Da hab ich mir ein bisserl was abgeschaut. Dann ist er zu Judo gewechselt, weil er gemeint hat, sein Hirn ist ihm wichtiger.“
„Sehr gescheit. Wo die Polizei bleibt?“

Der Hund knurrt. Der Mann ist aufgewacht, versucht sich aufzurichten. Als er den Hund sieht, lässt er sich gleich wieder fallen. Er versucht den Arm zu bewegen, aber der Hund steigt darauf, knurrt wieder. Endlich leuchtet der Widerschein eines Blaulichts auf den Fassaden, ein Polizeiauto biegt um die Ecke, hält. Zwei Polizisten steigen aus, grüßen, kommen näher, erfassen die Situation.
„Da schau her, wen hamma denn da!“ meint einer, der den am Boden liegenden näher angeschaut hat. „Der Herr Palla. Wem gehört der Hund? Ah ja, bitte zurückrufen, wir kümmern uns um den Herrn.“
Die Frau ruft den Hund zurück „Hestia, zu mir, brav.“ Nimmt sie am Halsband. „Soll ich sie ins Auto stecken?“
„Na, na, soll nur zuschaun. Hat sie sich verdient.“
Die Beiden Polizisten ziehen den am Boden liegenden hoch. „Und was is des auf die Fingerl? A Schlagring. Des wird teia. Ganz abg‘sehen von die Vurstrafen.“ Handschellen klicken.
„Ich glaube, irgendwo im Rinnstein liegt noch etwas, das ich ihm aus der Hand schlagen konnte.“
„Wir schaun gleich, erst einmal sichern wir den Herrn da.“ Sie bugsieren ihn auf den Rücksitz ihres Autos, Türe zu. Dann leuchten sie den Straßenrand ab.
„Ja, hab‘s schon. Ein Jagdmesser, noch in der Lederscheide. Da haben‘s Glück g’habt, dass er vergessen hat, es blank zu ziehen. Für den Herrn Palla macht des aber kann Unterschied. Erzählen sie uns jetzt bitte genau, was passiert ist?“

Der junge Mann erzählt, die Frau ergänzt ihre Version. Die Polizisten nehmen die Namen und Adressen auf. Bitte morgen im Lauf des Tages aufs Wachzimmer kommen und ein Protokoll unterschreiben. Der Hund wird gelobt. Weg sind sie.
„Soll ich sie mit dem Hund bis zu Ihrem Haustor begleiten?"
„Ehrlich gesagt, wäre mir wohler, obwohl es nicht weit ist. Mit wackeln schon ein bisserl die Knie."
„Glaub ich Ihnen. Wo sind die Familienmitglieder des Herrn Palla?"
„Wenn sie zu Hause sind, haben sie das Blaulicht gesehen und sich geduckt. Nach einem Polizeieinsatz ist meistens einen Tag lang Ruhe. Aber nicht länger. Da sind wir schon. Vielen Dank nochmals! Wann gehen Sie morgen das Protokoll unterschreiben?"
Die Frau nennt eine Zeit, schmunzelt, wartet, bis der Mann im Haus und das Tor hinter ihm zu ist. Dann kehrt sie zurück zum Auto, lässt den Hund einsteigen, fährt weg. Erledigt.

Kaffeeklatsch

Die Innenstadt-Konditorei. Hier trifft man sich. „Man" sind drei Damen, eher mehr als mittleren Alters, zur richtigen Nachmittagszeit. Eine brünett in sehr grünem Lederkostüm, stark geschminkt, Lippenstift auf den Zähnen; eine dunkelblond, kunstvoll zerzaust, in etwas, das nach Chanel klassisch aussieht, frei interpretiert, kein sichtbares Makeup. Die Dritte mit einer Pullmankappe über Haaren, die rötlich-bräunlich widerborstig hervor stehen, in einem auffallend gelben Pullover, perlbestickt, zum Schottenrock; ihr Gesicht ist auffällig glatt, Hals und Hände dem Gesicht hohnlachend. Alle drei mit langen, lackierten Fingernägeln und viel Schmuck.

Wenn der Aufruhr ist vorbei,
die Schlacht gewonnen, verloren – einerlei-
schon bald, noch eh' der Tag vorbei

„Wo ist die Heli?“
„Lässt sich entschuldigen, kommt ein bisserl später. Hat noch einen Termin beim Hofrat S...“
„Ja so, amtlich. Ist es wegen dem Peppi?“
„Also du, das weiß ich nicht. Sie wird's uns schon erzählen. Seit wann kann sie was für sich behalten?“
„Stimmt, nicht einmal wenn's peinlich ist.“
Die drei kichern.
„Stimmt nicht. Die Heli erzählt was sie will, ausgesucht. Wir merken nicht, was sie verschweigt.“
„Meinst du?“
„Weiß ich.“
Kaffee und Torten werden bestellt.

Wo warst du, Schwester?
Schweine schlachten.
Und Schwester, du?
Kastanien hatt' ein Schifferweib im Schoß,
und schmatzt, und schmatzt, und schmatzt –
Gib mir – sagt ich
„Pack dich, Hexe, schreit der räud'ge Fettsack

„Also, ich war vorgestern bei den L...s. Großes Abendessen."
„Nein! Die laden wieder ein? Erzähl! War es gesetzt?"
„Ja, das Kind ist jetzt eineinhalb Jahre, da kann es zur Großmutter oder zum Babysitter. Und natürlich war es gesetzt. Ratet wer mein Tischherr war."
„Spann uns nicht auf die Folter! Wer interessanter?"
„Der Tommi K....!"
„Du Glückliche! Da war das Essen unterhaltsam. Könnt man sonst von den L...s nicht sagen. Wer war noch?" Es folgen ein paar bekannte Namen.
„Ah, lauter Langweiler. Gescheit, aber so steif, können über nichts reden als ihr Spezialgebiet."
„War das Essen ordentlich?"
„Oh ja, und kommentiert vom Tommi. 'Jö, das Carpaccio ist gut! Meinst gibt's eine Suppe? Meinst gibt's nach der Torte noch einen Käs?' "
„Kann ich mir denken, er ist verfressen. Von wem haben sie liefern lassen? Weil sie kocht nicht."
„Sie haben einen Koch engagiert, irgendein junges Talent. Eh gut. Aber der Wein war schlecht. Irgend so ein billiger vom Diskonter."
„Gespart am falschen Fleck. Dabei ist er avanciert."
„Nein, am Geld liegt's nicht, nur daran, dass sie nix davon verstehen. Sollten wen fragen, der sich auskennt."
„War die Pumpi dort?"
„Nein, die geht nicht zu den L...s. Oder besser, die laden sie nicht ein, wegen der Geschichte mit dem, na du weißt schon."

„Eben deshalb! Die sind auseinander! Oder sollt ich besser sagen, er hat sie sitzen lassen?"
„Nein, was du nicht sagst!" „Woher weißt du?"
„Von der Sophie. Ihre Nichte hat ihn der Pumpi ausgespannt. Die Sophie ist nicht glücklich darüber, hat sich bei mir, na ja, nicht wirklich ausgeweint, aber gejammert."
„Seit wann ist sie so besorgt um ihre Nichte? Die ist ja schon alt genug, dass sie weiß, was sie tut. Oder es wissen sollte."
„Ist sie eh nicht. Die Sophie ist besorgt um sich selbst, dass das auf sie abfärbt."
„Ah geh, dass die zwei verwandt sind, wissen doch die wenigsten."
„Und die es wissen, zucken grad einmal die Schulter. Könnt es sein, dass sie selbst ein Auge gehabt hat auf den Kerl? Bisserl zu jung für sie. Charmant ist er ja, wenn auch von der unguten Sorte."
„Ja, von der Art ‚...ich küsse Ihre Hand Madame und mein Ihr Portemonnaie', gell."
„Genau, aber ich weiß zufällig, dass sie auf ganz wen anderen steht. Sie ist eher besorgt, dass dem die Nichten-Eskapade sauer aufstößt."

Doch ich hinter ihm her in einem Sieb,
und wie ohne Schwanz die Ratte, ach wie lieb,
ich machs, ich machs, ich machs!
Ich geb dir einen Wind
der rechten Art
Und ich noch ein'n –
Und ich alle andern, die sind mein.

„Lili, sprich, wer ist es?“
„Nein, meine Lieben, das verrate ich nicht. Ich hab eh schon zuviel gesagt.“
„Na, wenn du meinst. Dann ruf ich morgen die Dolli an, die weiß es sicher und sagt es auch.“
„Gut, dann weißt du es, aber nicht von mir.“
„Was den, na du weißt schon, angeht, hätten die Mädels sich Ärger erspart, wenn sie den Kategorien meiner Mamá gefolgt wären, was ein akzeptabler Mann ist. Sie hat das nämlich nach Rauchgewohnheiten eingeteilt. Dass ein Mann raucht, war ihr noch selbstverständlich.“
„Hohoho“ „So ändern sich die Zeiten.“
„Genau! Also für sie war nur ein Mann respektabel, der Pfeife raucht. Eventuell noch gelegentlich eine Zigarette einer speziellen, englischen Sorte, selten und teuer natürlich. Zu ihrer Zeit, wie sie sich ausgedrückt hat, waren es noch ‚Türkische Regie‘. Raucher leicht erwerbbarer Zigarettenmarken waren in ihren Augen ordinär, Männer, die Zigarren rauchen, aufgeblasene und angeberische Subjekte, vermutlich sogar Kriminelle, denen man zutiefst misstrauen musste. Weil man sieht ja in jedem Film, dass nur Gangsterbosse und windige Reporter Zigarren rauchen. Hat sie gesagt. Unser Sowieso raucht Zigarren.“
„Na, vielleicht ist an der Theorie deiner Mamá doch was dran. Aber was hätte sie wirklich zu Nichtrauchern gesagt?“

„Woher soll ich das wissen? Vermutlich hätte sie gezweifelt, dass es tatsächlich ein Mann ist."
„Na geh! Also wirklich!"
„Gewisse russische Hammerwerferinnen... Hätte meine Mamá gesagt."
Lautes Gelächter.
„Außerdem war ihre Theorie alles andere als unfehlbar. Mein Ex, das Miststück, war Pfeifenraucher."
„Au, was für ein Rückschlag. Wie war sie denn als Schwiegermutter?"
„Gnädig und huldvoll. Er hat sich bei ihr aber auch zusammengenommen."
„Du meinst, sie hätt ihm auch einen Geldkoffer anvertraut?"
„Lili, man merkt, dass du meine Mamá nie gekannt hast. Ein Geldkoffer und sie wären unzertrennlich gewesen. Ein Drachen, der auf einem Schatz sitzt, wäre gegen sie ein süßes kleines Schoßtier."
„Ah, da kommt die Heli!"
Eine große, sehr schlanke Dame, nähert sich dem Tisch; kurze, schwarze Haare, ungeschminkt, schmales Gesicht, dunkler Teint, große Augen; dunkler Jerseyoverall, schwarzer Umhang, rote Toque mit Spielhahnfedern, zwei Pudel, Zwergvariante.
„Grüß Euch, schön Euch zu sehen!"
Sie bestellt Kaffee, Wasser für die Hunde, die brav unter ihrem Sessel sitzen.

Doppelt, doppelt Müh und Plage
Feuer unter'n Kessel jage!
Otternfilet klein zerhacken
Soll im Kessel zieh'n und backen
Neunauge und Krötenkralle
Hundezahn und Mäusegalle
..... Höllensuppe sied und walle!

„Was hechelt Ihr grad durch? Ich will mitlästern."
„Die Pfeifenrauchertheorie meiner Mamá."
„Ah, ja. Ich kann mich erinnern. Nicht sehr stichhaltig. Aber vor Evidenz hat sie standhaft die Augen geschlossen. Du warst bei den L…s. Hast du dort den Dr. N… gesprochen? Nein??? Also weißt! Wahrscheinlich hat dich der Tommy abgelenkt mit seinen Gspaßetteln."
„Heli, man könnt meinen, du warst dabei!"
„Nein, aber die Mädi hat mich gleich hinterher angerufen. Der N… investiert im großen Stil und steigt in den Vorstand von der SNB ein. Dort wird er Unfug anrichten. Bauxi, du hättest ihn stoppen können."
„Geh Heli, wo ich doch nix von ihm weiß!"
„Er sicher von dir. Hätte dir wahrscheinlich irgendwelche Vorschläge gemacht – und du hättest begeistert erklärt, dass du das deinem lieben Freund Direktor B… erzählen musst. Dann wäre er gerannt wie ein Hase. Den B… fürchtet er nämlich wie der Teufel das Weihwasser. Aber ich treff' ihn eh morgen, den Jongliierer."
„Du meinst, er hat nix zu investieren?"

„Genau! – Danke, sehr lieb! Das Wasser stellen wir da hin, da ist es niemand im Weg."
Sie nimmt einen Schluck vom eben gebrachten Kaffee, zieh ein Gesicht.
„Mädels, wie ist euer Kaffee? Meiner ist nicht zum Saufen, um es brutal zu sagen."
„Inzwischen kalt geworden."
„Dann war er auch ungenießbar. Euch vor einen Kaffee setzen und ihr lasst ihn kalt werden hat's die letzten zehn Jahre nicht gegeben."
Sie winkt die Kellnerin heran. „Meine Liebe, dieser Kaffee ist ungenießbar und der meiner Freundinnen ebenfalls. Hat Ihr Barrista angekohlte Eicheln mit Batteriesäure aufgegossen? So schmeckt das nämlich."
„Das tut mir leid, es waren heut erst die Leute vom Maschinenservice da."
„Entweder die taugen nichts, oder Ihr habt danach die Maschine nicht g'scheit durchgespült. Nehmen Sie das weg, bitte. Die anderen auch. Und wenn Ihre Bar nichts besseres zustande bringt, dann lassen's einen Kaffee von Gegenüber bringen, sind's so gut."
„Das ist die Heli, die räumt auf." „Wie gewohnt."
„Aber sag, wie ist das mit dem Dr. N...? Der ist nicht, wie soll ich sagen, koscher?"
„Genau. Wir haben vielleicht mehr Geld als uns gut tut, aber so plump an der Nase herum führen lassen wir uns nicht."
„Ja, du hast den Ferdinand als Berater, du Glückliche."

„Genau, der ist so aufrecht und dabei gerissen wie sein seliger Vater, sogar noch ein bisserl mehr. Aber er bestellt dich zum Glück nicht um fünf Uhr früh in seine Kanzlei, nur weil er selber nicht schlafen kann."

Gut gemacht, ich lobe eure Plagen,
Und jede soll Gewinn nach Hause tragen.
Doch jetzt um den Kessel singt,
wie die Elfen ihn umringt,
Bezaubert was ihr eingekocht!

„Aber jetzt sag, was war beim Hofrat S...?"
„Was soll ich sagen, ich glaube, es war erfolgreich."
„Ist es um den Peppi gegangen? Hast was für ihn tun können?"
„Wieso sollt' ich was für den tun? Er fällt doch in die gleiche Kategorie wie der N..."
„Also weißt du Heli -"
„Ja, ich weiß es! Es ist die Kategorie der Trickbetrüger und Heiratsschwindler. Und mein Wissen hab ich vorm Hofrat S... ausgebreitet. Mit Belegen. Aber keine Sorge, er wird sich schon herauslügen, der Peppi. Nur schwieriger wird es. Willst' die Fifi gleich anrufen, Lili? Ich halt's aus, wenn sie mich schneidet. Ich wüsst' ihr aber auch einen guten Scheidungsanwalt, der dafür sorgt, dass sie ihre Firma und ihr Geld behalten kann, wenn sie ihn rausschmeißt, was immer sie vertrauensselig unterschrieben hat. Gründe dafür, neben den wirtschaftlichen, kann ich ihr auch liefern. Schaut's mich nicht an, als wär ich ein nackerter Kapuziner. Ich halt meine Augen und Ohren offen und

komm ein bisserl herum, weil ich ja meine Angelegenheiten selbst verwalten muss. Oder besser ich darf und kann, selbst ist die Frau."
„Heli -" „Ich bin sprachlos!" Heli wischt das mit einer Handbewegung weg.
„Mädels, den schlimmen Buben muss man auf die Finger klopfen. Ist eh Sisyphusarbeit, weil für den Platz, den der Peppi frei macht, stellen sich längst die nächsten Aspiranten an. Und die Übernächsten studieren schon auf Königsmord."
„Ja Heli, heißt das, du horchst uns aus?"
„Geh Lili, euch aushorchen! Ihr erzählt doch nur die Sachen, die schon längst gegessen und vorbei sind. Sobald was Tratsch wird, ist es auch schon erledigt. Wie das Essen gestern, bei den L...s.
Oh, ein frischer Kaffee! - Mmh, ja, der ist gut. Danke, ganz reizend von Ihnen!"

Zitate: William Shakespeare „Macbeth"; eigene Übersetzung

Busfahrer

(Mitschrift im Bus)

Airport Bus, Herbst, kurz vor halb Sieben, Flughafen.
Gast: Sagen Sie, geht sich das aus, dass wir den Zug um 19:03 in Meidling erreichen?
Fahrer: Kunnt sein, aber i sag liaber es geht net, dann sans net enttäuscht. Weil es kummt drauf an wia de fahrn. Manchmal geht's, dann zagt wieder aner an Achtzger und de Ampeln san bled gschalt. Rechnens liaber net damit.
Die beiden Zugfahrer setzten sich in die erste Reihe und der Fahrer-Monolog läuft weiter.
Busfahrer: Sehgn's, jetzt samma zwa Minuten vor der Abfahrt und der Bus is fast leer. Wannst die Tiarn zumachen wüllst, kummans grennt. Des is allaweil so. (Zu einem neuen Gast, einem jungen Mann mit großem Koffer) Der Koffer dearf net da eine, in Kofferraum, KOFFERRAUM, ja, na also. (Der junge Mann folgt und kommt ohne Koffer wieder)– Wohin? Herrengassen, na, da sans bei mir net richtig, der andere Bus, da hintn, der fahrt Zentrum. (Junger Mann steigt wieder aus – dabei wäre es für ihn leicht vom Westbahnhof mit der U3 zur Herrengasse zu kommen.)
Busfahrer zum Kollegen vor dem Bus: Schau ob er eh nur an Koffer nimmt. Passt? Er muass in'd Herrengassen, schau dass er richtig einsteigt. Hearst, erst Koffer

eine dann fragen, i tat erst frogn und dann einraman oder? Des tatat i. Aber de Leit, i sags Ihnan. Wann der Bus start, kummans grennt. Vurher stengans umadum an der Eckn. Neilich a Amerikanerin, steht mitn Plan an der Ecken, wiar i start, fangst auf amal an zum rennan. Beim Aussefahrn hab is wieder ghabt, machts genau des selbe. Na, mach ma amal an Aktivierungs-Start. (Startet den Bus. Aus dem Ausgang des Flughafens kommen ein paar Leute, beginnen zu laufen als sie den Bus sehen) Na was sag i, wann i start, fangans an zum rennan. Ja, Westbahnhof, Gnädigste, zuerst Meidling. - Wia wann sa ses ausgmacht hätten. (Es kommen noch zwei Fahrgäste) Meidling, ja.
Schließlich fährt er los, eine Minute nach Plan. Sein weiteres Raunzen geht im Motorengeräusch unter.

Da ist jemand

gedämpftes Rumpeln
Hadirl: (flüsternd): auuu!!
Jass: (flüsternd): Psst!!
Hadirl: (flüsternd): Bist du des, Jass?
Jass: (flüsternd) Ja, eh.
Hadirl: Und was machst du da im Kasten?
Jass: Psst! (flüsternd) Observieren.
Hadirl: (flüsternd) Du aa?
Jass: (flüsternd) Da ist jemand!
Hadirl: (flüsternd) Was mach ma jetzt?
Jass: Psst!

Von vor dem Kasten sind Schritte und gedämpftes Summen hörbar. Dann wird ein Radio eingeschaltet

Jass: (flüsternd) Observationsobjekt ist eingetroffen. Bei Drei machen wir einen Ausfall.

Hadirl (flüsternd) : An wos?

Jass (flüsternd): Jessas, wurscht, anfoch mir nach.

(holt hörbar Luft) Aans, zwa, drei –

stößt die Kastentüre auf, die knallend gegen einen Sessel schlägt und brüllt

„Polizei, Hände hoch!"

Frau Hochberger (ungerührt): Was machen Sie in meinem Kleiderschrank und warum zeigen Sie mit einem Handy auf mich?

Jass (schaut verdutzt auf seine Hände, murmelt dann): Scheiße, i ab mi vergriffen, scho wieda.

laut: Frau Untertaler, Sie sind festgenommen!

Frau Hochberger: Ich heiße nicht Untertaler sondern Hochberger, ich fürchte, Sie sind hier falsch.

Jass: Ähh – können Sie sich Ihnen ausweisen?

Frau Hochberger: Ich bin österreichische Staatsbürgerin und wohne hier, warum sollte ich das Land verlassen?

Jass: Ich meine, können Sie den Nachweis Ihrer Nämlichkeit erbringen?

Hadirl: Er maant obs an Lichtbüldausweis ham und uns zagn kennan?

Jass (zischt) Hadirl, schön sprechen!

Frau Hochberger: No, wenn Sie mich so höflich fragen, meine Handtasche liegt im Vorzimmer. Dürfte

ich - oder ist einer der Herren so freundlich? Und könnten‘s endlich das Handy einstecken?
Jass: Äh was? Ah so (steckt es ein) Hadirl, hol die Tasche!
Hadirl hastet in den Vorraum kommt mit der Tasche zurück, hält sie der Dame hin. „Da!“
Jass (zieht ihn zurück): Naa, du schaust nach.
Hadirl: In aner Damenhandtasche? Da find i nia was!
Frau Hochberger (seufzt): Mittleres Fach, schwarzes Ausweisetui.
Hadirl: Da Zipp is zua.
Frau Hochberger: Na, dann machen Sie ihn auf! Ziehen!
Hadirl tut es, verbunden mit Ächz- und Grunzgeräuschen.
Jass: Was is?
Hadirl: Ja!
Jass: Wos ja?
Hadirl: Do is a schwarzes Etui.
Jass: Na dann nimms auße und schau nach! Auf was wartst?
Hadirl : Da, halt de Taschen. Er zieht das Etui heraus, schlägt es auf. „Führerschein lautend auf Mag. Juliane Hochberger, Büdl – Ja, schaut da Dame ähnlich, jünga, aber sie is.“ Blättert weiter „Jahreskarte der Wiener Linien, Mag. Juliane Hochberger, Büdl aktueller, sie is. Brauchst no an?“
Jass (der ihm über die Schulter geschaut hat): Na, passt. Gib der Dame die Tasche und den Ausweis zruck.

Hadirl: Die Taschen hast du. Bitte sehr, gnädige Frau.
Ein Handy läutet.
Hadirl: Sie dürfen das Gespräch annehmen, Gnä Frau.
Hochberger: Das ist nicht mein Handy, es läutet irgendwo in Ihrer Uniform.
Jasss: Öha, meins. Er fummelt herum, findet es. „Was is? Mir san im Einsatz. – Was haasst wo mir bleiben? Mir san am Einsatzort, Blütengasse 69, Frau Untertaler, nur sie hasst Hochberger – Wieso? - Waaas? Thaliastraße 96? Der Ferdl, der legasthenische Analphabet! Sag eahm i reiß eahm die Uawaschln aus, mia san am Weg.
Verzeihung gnädige Frau, mir warn fehlgeleitet. Nix fia unguat. Hadirl, Gemma!“
Hadirl und Jass trampeln ab, die Türe schlägt zu.
Frau Hochberger seufzt, dreht das Radio lauter, es spielt „In dieser Stadt kenn ich mich aus, in dieser Stadt, da bin ich zuhaus ....“

Anna perenna – beinahe

nach Ovid Fasti III. Das Fest der Anna Perenna am 15. März

occurri nuper: visa est mihi digna relatu
pompa: senem potum pota trahebat anus

Neulich begab sich - es scheint mir würdig,
ihn zu erzählen, den Auftritt:
Eine betrunkene Alte zog einen betrunkenen Alten.

Sie: No jetzt kumm, geh weida!

Er: Lass mi sitzen.

Sie: Du soist weida tuan, sonst miaß ma mitn Nachtbus foahrn.

Er: Is aa guat, setz di zuwe. Schau, da Mond!

Sie: Da is ka Mond, des is a Straßenlatern. Und die U-Bahn is näher und schnölla! -(schwankt beim Versuch, ihn von der Bank hochzuziehen)

Er: (vergnügt) Du bist ja angsoffen!

Sie: I hab mi zruckg'halten, im Gegnsatz zu dia. I waß ja, dass i di hamzahn muaß.

Er: (triumphierend) Angsoffen bist trotzdem.

Sie: Wann's d' manst, von mir aus, aber jetzt steh auf und kumm!

Er: (singt): „Bleimma no a wengerl sitzen, bleimma no a wengerl da!"

Sie: Des is net zum anhearn. Jetzt geh scho!

Er: (singt) „Mei Oide sauft genau so vül wiar i !"

Sie: Wannst no amal Oide zu mir sagst, leg i da ane auf!

Er: (weinerlich) Net tua mi haun, des is ja nua da Liadtext. Du bist eh mei Schatzi. Gib Bussi!

Sie: Hear ma auf! Des Schatzi kannst da g'halten. Du soist endlich dein Orsch hebn und weida gehn.

Er: Nein wie or - hik – orderinär du daherredst. Schama muaß ma si.

Sie: Ja, oba dafia, wie angsoffen du bist.

Er: (singt mit weit ausgebreiteten Armen) „A Tröpferl, a Schluckerl, a Glaserl, a Flascherl"

Sie: Aufhearst! I geh und lass di da sitzen! (Dreht sich weg und macht zwei schwankende Schritte)

Er: Net valoss mi! Schatzi, i kumm ja eh scho! (rappelt sich mühsam von der Bank auf und torkelt hinter ihr her) Wart auf mi!

Sie: Na alsdann! (hängt sich ein und zieht ihn Richtung U-Bahn. Dabei läuft sie, von ihm belastet, schräg gegen eine Hauswand, an der sie sich abstützt) Jetzt schiab min et in d' Schreamsen! Gradaus!"

Er (singt) „Wenn ich mit meinem Dackel, von Grinzing heimwärts wackel."

Sie: Weit hammas bracht, jetzt bin i scho dei Dackel. Am Hund samma eh. Gradaus, sag i!

Er: (singt) „Ich hab mir für Grinzing einen Dienstmann engagiert, der hat mi nummeriert–"

Sie: I wer di a glei nummeriern, dass ma olle zehn Finga sicht. Stüll bist!

Er: (singt weiter) „...da war der Dienstmann no vül bsoffener wiar i!"

Sie: Des schau i ma an. Beim Saufen bist imma ersta. - Net übad Stiagn, obe dazah i di net. Mir fahrn mitn Aufzug.
Er: Na, na, na! I steig in kann Aufzug net ein!
Sie: Wiaso auf amol? Du foahrst do sonst a damit! Jetzt stöll di net so an!
Er: Im Aufzug dastick i, i geh übad Stiagn.
Sie: Wannst di dastoiperst, dahoit i di net. Du wirst di dastessn, sei net deppat!
Er: I geh vakehrt, da passiert ma nix!
Sie: Jetzt sei do net so stur!
Er: (hat sich umgedreht und krabbelt auf allen vieren verkehrt, die Füße voran, die Stiegen zur U-Bahn hinunter) A Stuferl und no ans, geht scho, geht scho!
Sie: (schaut eine Weile zu, folgt ihm dann, aber aufrecht, ans Geländer geklammert, vor sich hingrummelnd) Der Oide macht mi no amoi wahnsinnig. So a sturer Hund, a deppata. Auf amoi kann er net Aufzug fahrn. De Stiagn san entrisch.
Er: (Am unteren Ende der Stiegen angekommen, zieht er sich am Geländer wieder in eine aufrechte Position.) Hahaa! Da bin i! U-Bahn, mir kumman!
Sie: Jetz mach net a so an Bahöö!
Er: Jetzt miaß mas nur no finden, de U-Bahn. Ja, durt is!
Sie: Stehn bleibst, mir miaßen nach Simmering.
Er: Nanking, Peking, Simmering – wohin du wüllst, ich folge dir!
Sie: „Na jetzt kumm scho. Kräust wieda vakehrt üba d'Stiagn oder nimmst de Rolltreppen?

Er: Rolll oll oll –uups!
Sie: Hoit di an bei mia!
Er: Vül zum Anhoitn!
Sie: Hear auf! - so, da is da Bahnsteig.
Er: Schatzi, mia gengan wieda, da san vüü zvüül Leit.
Sie: Da bleibst, de woaten alle auf die U-Bahn, wia mia.
Er: Na wanns no lang dauert, nacha gemma zfuaß.
Sie: Zfuaß? Bist ang'schütt? Da gehst murgn a no. Kummt eh glei.
Er: Schatzi, du bist a Prop- a Profie- wia haaßt des? A Proveetin! Jetzt hab is. Eine Sabine! Na, so haaßt die Friseurin. Sibülle, des is! Eine Sibülle, wos du allas waaßt.
Sie: Bitte, halt di Goschn. Schaun scho alle her. Gott sei Dank, da kummt da Zug.

Da es nicht weit von der Endstelle ist, finden sie einen Eckplatz, er sinkt mit einem Seufzer auf den Platz, sie daneben. Kurz darauf schläft er, selig lächelnd, Kopf an der Scheibe.

Özgün, Wolfgang und der Kaffee

Özgün und Wolfgang liefern nachts Zeitungen vor die Wohnungstüre von Abonnenten. „Türzustellung“ nennen das die Aboabteilungen. Özgün und Wolfgang machen keinen Unterschied zwischen Kleinformat oder Zeitung für Leser. Özgün ist im Hauptberuf Schuster, eigentlich Schuhmachermeister und könnte Maßschuhe herstellen – aber „Wer soll die kaufen? Was ich dafür verlangen müsste, zahlt keiner.“ sagt er, also lieber reparieren. (Er spricht übrigens beinahe akzentfrei Deutsch. Ein gewisser Kontrast zum Böhmakeln seines Vorgängers.) Vor über 30 Jahren hat er einen Werkstatt-Laden außerhalb des Gürtels übernommen. Seine Kunden lieben ihn, aber reich wird er bei dem Geschäft nicht, daher die nächtliche Zeitungszustellung. Seine Wohnung liegt zwei Stockwerke über dem Laden im selben Haus und er kommt schon auch einmal herunter und sperrt außer der Zeit auf, wenn jemand seine Schuhe dringend braucht.

Wolfgang ist, oder besser war, Maurer, richtig mit Lehrabschlussprüfung, nicht nur angelernt. Nach einem Unfall, der ihm am linken Oberarm eine Sehne durchtrennt und den Muskel schwer verletzt hat, kann er den Arm nicht mehr aktiv beugen, daher kriegt er keine Anstellung, vielleicht auch, weil er über 50 ist. Im Sommer sucht er sich bei Häuselbauern „einen Pfusch“, denn er hat für sich eine Technik entwickelt, wo er Werkzeuge links halten und mit dem rechten Arm bewegen kann. Es ist ja nur der

Oberarm kaputt, die linke Hand funktioniert und der Kopf auch, aber mach das einem Baumeister oder Polier klar. Das Arbeitsamt wollte ihn zum EDV-Menschen umschulen, aber für eine Tastatur sind die „Pratzen vom Wolfi net g'schaffen und immer im Zimmer hucken is a nix fia mi. I muaß ausse!“wie er selbst sagt. Also Zeitungen.
Özgün hat den kleinen Lieferwagen und so bedienen sie ihre Gebiete gemeinsam.
3:30 h, für heute sind sie fertig, alle Zeitungen ausgetragen, weil etliche Leute auf Winterurlaub sind und das Abo während der Zeit aussetzen.
Wolfi: “Oaschkoit is, mia gfriern de Klebeln o! Drah auf die Gebläse!“
Özgün: „Viel mehr schafft mein altes Auto nicht. Aber weißt du was, wir fahren in meine Werkstatt und machen uns einen Kaffee. Ist nicht weit.“
Wolfi: „An tiakischen? Schwarz wie der Teufel, heiß wie die Hölle und süß wie die Liebe?“ (Er ist in ein „Fußballerhochdeutsch“ verfallen, kommt aber gleich wieder zurück.) „Klaaß! Moch ma!“
Die Werkstätte ist angenehm temperiert. Özgün holt Wasser vom Gang, schaltet eine Kochplatte ein. Wolfi schaut ihm zu, wie er Kaffee bemisst, Zucker zufügt, das Kännchen auf die Platte stellt, rührt, Tassen hervor holt. Und unterhält ihn dabei mit munteren Reden, vielleicht, damit er selbst nicht einschläft.
Wolfi: „A richtig guater Kaffe is Goid wert, ehrlich! I hob oisa junga in da Piefkei goabeit-“
Özgün: „Wo?“

Wolfi: „In da Piefkei, bei de Marmeladinger – na in Deitschland hoit. Dass i da sog, der Kaffe durt is net zum saufn. A Gschlader a nodichs, grauslich. Wann i mei Kaffeehäferl auswasch is des Owoschwossa stäaka wia denan eana ‚Káffe'" (Er betont das Wort norddeutsch auf der ersten Silbe) „Auf aner Baustöll hab i dann a Glick ghobt, do woar a Itaker in da Kantin. Waaßt, zum Hacklen taugns net vül, de Spaghetti, oba wannst aan ois Kantineer hast, bist in Himmel, bsundas mitn Kaffee. Dea durt in Wuppertal woar aus Neapel. ‚Napoli makte beste Kaffee von ganze Italia' hot a oiweul gsogt. Was eahm ongeht, hot a recht ghobt. Ein Spitzengebräu, echt woa! Seither hob i imma gfrogt, wea de Kantin mocht und hob de Hockn nua gnumma, wann's a Itaka woa. Host as jo damals no aussuachn kennan."
Özgün: „Aber wenn ein Österreicher die Kantine geführt hat, bis du schon auch geblieben oder?"
Wolfi: „Naa, bist deppat? De Österreicher tan se vüül zvül anpassen. Nocha serviert er da a Schnitzel mit ‚Tunke'. Da miaßt i eahm leida de Goschn polian und des moch se net guat in de Papiere. Außerdem sans gschlampert."
Özgün: „Sag, du magst Ausländer anscheinend nicht besonders, aber deine Landsleute auch nicht. Magst du Menschen allgemein nicht?"
Wolfi: „ Do is wos dran. Misanthrop nennt ma des, göll? De Meidlinga sogn zu de Simmaringer a, se solln se hamschleichn. Oba aanzeln sats eh olle klasse Buaschn, de Zuschn grad so wia es, de Meidlinga und

de Marmeladinger. Erst mit da Menge wearn ma grantig und Menge haaßt fünfe auf an Fleck, oda meah, kloa? Des is unsa Nationalcharakta, wia Schifoan und Woiza. Des tua ma pflegn. De Mesantrobie muaß gschütz wean, wia de Donauauen. A Reservat, sozsogn. Oba mia warn bein Kaffee. Des hot wos damit zan tuan. Huach zua, was i da sag. Wann de Merkl maant, es hat se ausmultikulturiert, dann liegt des am Kaffee."

Özgün: - während er ihm eine Tasse reicht. "Geh, am Kaffee!"

Wolfi: "Naa, wirkle. Wann de aan – de Österreicher, de Itaker und de Tiakn, de Jugos ibrigens aa, des hams von eich, - auf an guaten und stoaken Kaffee stengan und de ondan a Karikatua davon liefan und des netamoi einsegn, haut des nia hin mit da Integratiaun. In Frankreich is des söbe. Denan eana ‚Kafeolä' is zan Speibn. Kann net geh, siegst es eh. De Jungan bei uns san jo a scho so deppat, hucken se in de Amikettn, wos da a haaßes Wossa mit Kaffearoma hinstölln. Pfui Teifel! Vom Schaumgummifroß wüll i goa net erst redn."

Özgün: (Kommt zu Wort, weil Wolfi einen genießerischen Schluck aus seiner Tasse nimm.)„Meine Kinder sind zum Glück vernünftig. Sie essen frisch Gekochtes lieber als Konserven und beim Kaffee sind sie auch konservativ. Sie trinken am liebsten Espresso oder Türkischen."

Wolfi: „Ah, der Kaffee is a Gedicht, Hut ab! Wia oid sans denn, deine Gschrappen?"

Özgün: „Die Tochter ist 17, maturiert nächstes Jahr und der Sohn ist 20, studiert Betriebswirtschaft. Aber Schuhe reparieren kann er auch, hat er mir in den Ferien abgeschaut. Mit 15 oder 16 hat er gesagt, er will mir unbedingt helfen, etwas arbeiten. Weißt du, er war gut in der Schule, aber es hat ihm was gefehlt. Mit dem Handwerk hier ist er nicht auf die dumme Idee gekommen, dass er mit der Schule aufhört."

Wolfi: „Na servas, du hast Obergneißer! Waßt, ihr werds es mochen wia de Ziagelbem, de was auf da Ringstraßen Ziagel gschupft ham, so umma 1870, glaub i. Enkel von denan woan dann Burgamaster in Wien, da Slavik, 1970, und Bundespräserl, da Jonas. In da Sproch hamma scho lang an Haufn Integratiaun, so wia ‚Zores' und ‚Gspusi' - kannst du eigentlich weanarisch a oder nur Hochdeitsch? I kennt da's beibringan, klaweis bei da Nocht, mit Übersetzung, ha? - No und in da Kuchel sowiso, a guats Papperl kennt kan Schauwinismus net, und da samma wieda beim Kaffee: Mit dem habt's uns demoralisiert, seinazeit. Und mia habn an vahunzt, mit da Mülli eine, bääh. Drum habts es jetzt so schwa dodan, aber a Mokka is no imma a saubere Gschicht. Ibas Knia brechn losst si halt nix. Miassts nua an gscheiten Kaffe kochn und hundert Joa woatn, dann sats echte Weana, wia mia."

Özgün: „Weil du sagst ‚echter Wiener' wie heißt du eigentlich mit Familiennamen?"

Wolfi: (grinst breit) „Na Kaschinsky, was hast denn glaubt!"

Statisterien

„Hesse“, sagt der Herr Doktor, „Hesse muss man lesen, wenn man sechzehn ist. Vielleicht noch mit zwanzig, aber wer danach noch Hesse liest, ist unheilbar adoleszent. Hesse ist ein Autor für Jugendliche. Das gleiche gilt für Rilke. Aufgeblasener Kitsch, wenn sie mich fragen, hoffnungslos überschätzt.“ Fragt ihn zwar keiner, aber er erzählt es trotzdem allen, auch denen, die ihn nicht hören wollen. In barocker Kostümierung, wie wir alle. Garderobe und Maske fertigen uns Statisten zuerst ab, damit sie genug Zeit haben für die Schauspieler. Wir haben daher einen Nachmittag lang Zeit, die wir irgendwie hinbringen müssen ohne die Kostüme und die Frisuren zu beschädigen. Herumspazieren, oder sitzen, auf mehr Urlauberfotos präsent als später im Film, plaudern oder dösen oder eben Unsinn dozieren, wie der Herr Doktor.

„Wie meinen Sie? Thomas Mann? Ich bitte Sie! Geschmacklos, sentimental. Der Nobelpreis war ein kolossales Fehlurteil. Der Preis wird ja aufgrund von Vorschlägen verliehen, die Freunde der zweiten Reihe machen sich da stark.“

„Was für ein Dokter is der eigentlich?“ fragt leise hinter mir eine der älteren Damen.

„Keine Ahnung, ich glaub ein Jurist, pensionierter Beamter.“ Antwortet eine andere neben ihr, ebenso leise.

„Also aufspielen tut er sich wie der Fürst Bamschti." Wieder die erste.
„Da ist er nicht der Einzige. Die Gockel müssen sich spreizen."
„Mhm, fragt sich nur für wen. Unsereins interessiert er nicht mehr, den jungen Dirndln sieht man an, was sie von ihm halten. Also für wen?"
„Für die anderen Gockel natürlich. Und für mindestens eine Dame, wenn man sie so nennen kann."
„Die Feli, ja, die zählt nicht. Die himmelt alles an, was Hosen anhat und über vierzig ist. Der macht auch das, was der sagt kein Kopfweh. Was soll da weh tun? Höchstens die Frisur."
Bös, aber wahr - was die Frisurschmerzen betrifft, denn ‚die Feli' kenne ich nicht. Die Damen in der Maske halten sich nur knapp zurück, die Haarnadeln nicht originalgetreu durch die Kopfhaut zu stechen.
„Servus Karl, na was sagst du?" Einer von den „Gockeln" kommt gerade aus der Maske „Wie läuft die Chose?"
„Katastrophe! Katastrophe! Kein Konzept, wenn du mich fragst."
„Genau, uns sollten sie das machen lassen, dann würd' das was."
Tun ‚sie' aber zum Glück nicht. Meinen die beiden das ernst? Oder ist es Geblödel?
„So wie der Kehlmann den ‚Hiob' angegangen ist, das war Organisation!"
„Genau, oder der Herek, mit den ‚Drei Musketieren', wie am Schnürchen!"

Ah ja, Namedropping, damit alle wissen, was die beiden schon alles gemacht haben. Als wären sie die Stars. Ja schon, ohne Statisten geht's nicht, aber die, das heißt wir, sind Hintergrund, Folie. Auch wenn wir minutiös aufgemacht sind, sieht uns kein Mensch. Nur ein Fehler würde auffallen. Ich such mir einen Platz zum Dösen, die Nacht wird lang genug.

„Der Griem ist eine Fehlbesetzung, ich sag's dir! Ich würde den ganz anders anlegen." Das höre ich grade noch, bevor ich außer Hörweite bin. Wie denn, du siebter Zwerg? Hintergründig? Ah, wozu aufregen.

Ein paar Wochen später, die Ferien sind vorbei, gebe ich im Kunsthistorischen Museum Mantel und Schirm ab. Und wer nimmt sie entgegen? Der „Herr Doktor".

Soll ich was sagen?

„Danke."

Dialog auf der Parkbank

Geh!

Nein, echt!

Aber net wirklich.

Doch.

Na ja, dann.

Was dann?

Na, halt.

Hm, auch wahr.

Sag ich ja.

Weil's wahr ist.

Aber ich muss schon sagen!

Genau!
Immer wieder!
Ganz meine Rede.
Da hilf halt nix.
Man müsst aber schon einmal was sagen.
Und was nutz das?
Hast recht, beim einen Ohr rein, beim anderen raus.
Hören nicht auf uns.
Auf uns schon gar nicht.
Na, manchmal nutzt's was.
Ja, aber nur manchmal.
Au weh au weh au weh!
Was ist?
Ach, nix, nur so, ganz allgemein.
Ah so, allgemein. Hast eh recht.
Ja, da schau her!
Schon wieder?
Na klar, unverbesserlich.
Man glaubert's nicht.
Is aber so.
Ja, ja, allzu wahr.
Und tun‘s was dagegen? Nein, nie!
Es is a rechtes Kreuz.
Du sagst es.
Weißt was?
No was?
Gemma!

Der Gast im Café

„Der Herr Ministerialrat bittet auszurichten, dass er sich verspäten wird. Der Tisch ist derselbe wie immer, bitte.“ Der Herr Josef dienert mich an den Tisch. „Kaffee kommt gleich, wie immer?“

„Ja, danke Herr Josef. Dann wart ich halt.“ Bin ich ja gewöhnt. Aber das sag ich nicht laut. Warum der Herr Ministerialrat mich überhaupt hierher zitiert statt ins Institut zu kommen? Der Weg ist nicht länger. Wenn‘s um Unvereinbarkeit geht, hier sehen ihn sicher mehr Leute. Will er gesehen werden? Egal, mich gibt’s im Institut eh nicht mehr lang, ich hab ein paar verlockende Angebote. Weiß er nur noch nicht.

Herr Josef bringt den Kaffee und meine Lieblingszeitung „Ist grad frei geworden.“ erklärt er. „Um das rosa Blatt ist ein Griss.“ Heißt aber, es wird länger dauern. Der Herr Josef hat so seine Informationen. Ich bedanke mich für die Aufmerksamkeit. Wir haben die Zeitung zwar im Büro, aber da reicht es nur zum Durchblättern, überfliegen, anstreichen, was zu archivieren ist. Das Mädel kopiert das dann. Nicht nur weil das weniger vergilbt, sondern weil die Frau Büroleiterin es für ihr Privileg hält, alle Zeitungen nach Dienstschluss mit nach Hause zu nehmen.

Der Wissenschaftsteil: Dem Institut für Festkörperphysik ist Teleportation gelungen. Jetzt kann ich das auch lesen, nicht nur zum Kopieren anstreichen. Sehr fein!

Der Herr Josef räuspert sich diskret „Ahm, gnä Frau, darf ich Ihnen jemanden an den Tisch setzen? Es ist grad so voll und, äh..." das heißt, die Warterei wird länger dauern. Ich werde das beinhart als Überstunde verrechnen. Aber der Herr Josef ist ein Lieber.
„Aber sicher, Herr Josef, der Tisch ist ja groß genug." Es muss ja Platz sein für all die Unterlagen, in die der Ministerialrat Einsicht nehmen will; und die ich daher mitzuschleppen habe.
Der Herr, der an den Tisch gewiesen wird, ist eine eindrucksvolle Erscheinung. Er deutet eine Verbeugung an, murmelt einen Namen, den ich nicht verstehe, und bedankt sich. Irgendwie kommt er mir bekannt vor. Woher? Aber endlich einmal wieder ein gut geschnittener Anzug! Die Schultern sitzen, die Ärmel sind nicht zu kurz, das Sakko schlägt keine unerwünschten Falten, die Proportionen passen. Dunkelgrau statt des ewigen Einheitsblau, guter Stoff. Er beginnt eine Konversation während er im Kaffee rührt.
„Sie interessieren sich für Physik?"
„Nicht speziell, aber wenn unserer Festkörperphysik eine solche Sensation gelingt, will ich es genauer wissen."
„Ah, ich versteh von Physik nämlich gar nichts. Wenn von Geschichte, Theater oder Musik die Rede ist, kann ich schon eher was Gescheites beitragen." Er lächelt verschmitzt. Seine Art zu sprechen, die Intonation, hat etwas angenehm Altmodisches. Anna Freud hat so gesprochen.

„Es ist lieb von Ihnen, dass sie mir die Zeit vertreiben wollen. Eine nette Abwechslung, aber bitte fühlen Sie sich nicht verpflichtet, mich zu unterhalten. Ich bin es gewöhnt auf unseren Konsulenten zu warten, der es vorzieht die Unterlagen hier zu begutachten."
„Ah ja? Und warum macht er das? Ist Ihr Büro so klein, finster und ungemütlich?"
„Aber nein, gar nicht! Wir sitzen in einem alten Palais mit hohen Räumen und großen Fenstern, das Besprechungszimmer hat sehr stilvolle Leihmöbel aus dem Hofmobiliendepot. Kaffeemaschine gibt es auch. Seine Gründe für die Wahl des Ortes sind mir unerfindlich." Ich übernehme ein bisschen seinen Jargon.
„Na, dann sollten wir uns über ganz was anderes unterhalten. Mögen Sie Oper?"
Und ob ich Oper mag! Unsere Unterhaltung wird sehr angeregt. Was er nicht alles weiß! Aber nichts dauert ewig. Er schaut ganz erschrocken auf die Uhr. „Jösses, so spät schon! Da hab ich Sie lang beplaudert! Ich muss leider weiter, so sehr ich unser Plauscherl genossen habe. Küss die Hand und nichts für ungut!"
Tatsächlich, jemand der noch Küss-die-Hand sagt! Zahlt beim Herrn Josef und ja, tatsächlich, setzt an der Tür einen Hut auf.
Herr Josef kommt zu mir. „Ich wollt nicht stören, Sie haben sich so angeregt unterhalten, aber der Herr Ministerialrat bedauert, dass es ihm heute nicht mehr ausgeht und dass Sie bitte nicht mehr auf ihn warten sollen."

„Ach, Herr Josef, es ist so lieb von Ihnen, aber wir kennen ihn doch beide. Er hat sicher nichts bedauert, „bitte“ und „danke“ kennt er nur aus dem Wörterbuch. Lassen’s mich raten, er hat höchstens gesagt ‚Sagens ihr sie kann heimgehen, es geht sich heute nicht aus.‘ Stimmts?“ Herr Josef schaut so betreten, dass ich lachen muss. „Aber ganz etwas anderes. Der Herr, den Sie an meinen Tisch gesetzt haben, kennen Sie den? Er kommt mir so bekannt vor, ich kann mich aber beim besten Willen nicht erinnern, wo ich ihn hintun soll. Ist es ein Stammgast?“
„Stammgast wär zu viel gesagt, er kommt hin und wieder, mehr weiß ich auch nicht. Aber jetzt, wo Sie es sagen, bekannt kommt er mir auch vor. Grüßt noch mit ‚Habe-die-Ehre‘!“ Ihm entkommt ein halber sehnsüchtiger Seufzer.
„Na ja, kann man nichts machen. Und jetzt zahl ich meinen Kaffee und schau, dass ich heim komm.“
„Oh, bitte, gnädige Frau. Bezahlt hat der Herr, den wir beide nicht einordnen können.“
„Und ich konnte mich nicht einmal bedanken! Falls er wieder einmal vorbei schaut, richten’s ihm bitte meinen Dank aus Herr Josef. Sie merken sich so was zuverlässig.“
Ich hole meinen Mantel von der Garderobe und dabei fällt mein Blick auf die Wand voller Fotos von prominenten Gästen, auch ehemaligen, mit Autogramm, manche sogar mit Widmung. Ein Bild springt mir geradezu entgegen: Der Gast an meinem Tisch. Die Frisur etwas anders, vielleicht ein paar Jahre jünger.

Einer der großen Theatermenschen. Aber er ist doch seit Jahren tot! Das Bild, die Widmung, – schnell nachgerechnet – 40 Jahre alt. Ich stehe und starre. Herr Josef kommt besorgt dazu, folgt meinem Blick, sagt nur „Jössas!“ und dann leise: „Also Sachen gibt's! Und meinem Vorgänger, dem Herrn Ferdinand, hab ich nicht geglaubt, wie er mir erzählt hat: Die Leut‘ auf den Bildern, manchmal kommen‘s noch vorbei, auf einen Kaffee.“